Mangez équilibré

109 recettes pour petits budgets

Mangez équilibré

109 recettes pour petits budgets

Sélection
READER'S DIGEST
PARIS · BRUXELLES · ZURICH · MONTRÉAL

Mangez équilibré

109 recettes pour petits budgets

est une réalisation de Sélection du Reader's Digest.

Nous remercions tous ceux qui ont collaboré à cet ouvrage

Recettes

Élisa Vergne : conseiller et auteur

André Cabal, Émilia Charmes-Anastastassova, Henri Guiton, Hawa Kafando, Élisabeth Keller, Catherine Lot, Paulette Mordant, Anny et Thiébaut Schascherer : bénévoles de la Croix-Rouge

Croix-Rouge française

Nicole Fourn : responsable du pôle partenariat entreprises

Brigitte Raimbault, David Marcon : chargés de programme

Sélection du Reader's Digest

Éric Jouan : directeur éditorial

Élizabeth Glachant : directrice éditoriale adjointe

Anne Grégoire : responsable éditoriale

Didier Pavois : direction artistique

Caroline Barraud : maquette

Béatrice Argentier : lecture-correction

Prépresse

Damien Noirot

Nous remercions également **Adélaïde Beaudoing-Negro**

ISBN 978-2-7098-2174-2

Préface

Quelle est la situation nutritionnelle des personnes recourant à l'aide alimentaire en France ? À cette question, l'étude ABENA, menée par l'INVS (Institut national de veille sanitaire) en mars 2006, répondait par un constat alarmant : obésité, hypertension, carences vitaminiques.

« Développer notre engagement de solidarité contre l'exclusion sociale » est l'un des objectifs stratégiques majeurs de notre association. Avec près de 650 délégations actives dans l'aide alimentaire, et plus de 100 épiceries sociales, la Croix-Rouge française s'est engagée, pour mieux respecter la dignité des personnes accueillies, à mettre en place un plan national d'amélioration de la qualité de l'aide alimentaire.

Adapter son action aux besoins des personnes est un véritable défi, qui passe par une plus grande diversité et par le libre choix des produits, par des heures d'ouverture plus souples de nos dispositifs d'aide alimentaire, par l'accès à des conseils nutritionnels…

Les questions de santé publique et de nutrition nous concernent tous : il s'agit alors de sensibiliser chacun, à travers un projet commun rendant l'équilibre alimentaire accessible au plus grand nombre. Élaborer des recettes pas chères, rapides et équilibrées, tel est l'exercice auquel se sont livrés ensemble Élisa Vergne, les équipes de Sélection du Reader's Digest et des cuisiniers de tous les jours, croisés dans les points de distribution alimentaire et les épiceries sociales de la Croix-Rouge. Ce livre rassemble leurs meilleures recettes.

La Croix-Rouge est heureuse de pouvoir mettre en avant, dans cet ouvrage, les compétences, l'imagination et l'ingéniosité que déploient, à travers les actions menées quotidiennement, les bénévoles, les salariés et les personnes qu'ils accueillent.

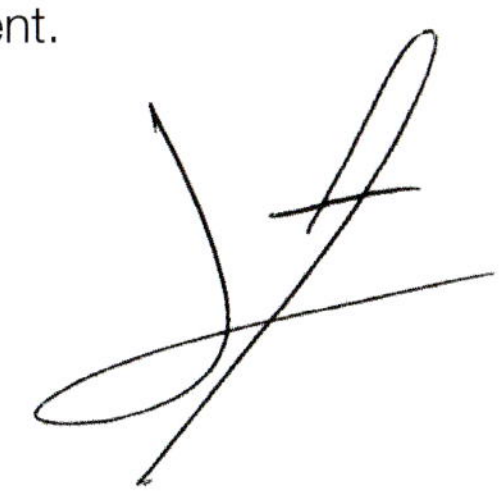

Professeur Jean-François MATTEI
Président de la Croix-Rouge française

Cuisiner à petit prix

Pour chaque recette, vous trouverez une indication de prix symbolisée par une pièce de 1 euro. Le nombre de pièces indique le coût de la recette par personne, montant qu'il faut bien sûr multiplier par le nombre de convives pour obtenir le coût total. Une façon simple et rapide de prévoir votre budget repas.

Moins de 1 euro

Moins de 2 euros

Sommaire

Conseils pour manger équilibré à petit prix

Les règles d'or 9
Le bon choix 10
Où acheter ? 13

Des menus pour chaque saison

printemps 14
été 15
automne 16
hiver 17

ENTRÉES

Velouté de courgettes au cerfeuil 20
✚ Potage au fenouil
Anny et Thiebaut Schascherer 20
Soupe de tomates 22
✚ Soupe de petis pois à la menthe
Catherine Lot 22
Crème rubis glacée 24
Salade d'aubergine grillée 26
✚ Salade grecque
Paulette Mordant 28
Poireaux gribiche 29
Guacamole 30
✚ Tsatsiki
Hawa Kafando 32
Compote de pois chiches 34
Blinis 36
Cake au jambonneau 38

Soupe de poivrons glacée 24
✚ Salade de légumes râpés
Paulette Mordant 26
Salade fermière 27
Couronne de courgettes 28
Petites tatins aux tomates confites 30
Pissaladière 32
Terrine de saumon, sauce à l'estragon 34
Souflé au fromage de chèvre 36
Aumônières au pélardon 38

PLATS

Langues-d'oiseau à la tomate 42
Spaghettis au pistou 44
Timbales de riz panachées 46
Salade d'automne 48
Riz aux champignons 48
Gratin de riz d'Halloween 50
Paella aux légumes 50
Millet jardinière 52
Polenta soufflée 52
Succotash 54
✚ Quiche au thon et aux poireaux
Paulette Mordant 54
Sardines aux macaronis 55
Brandade légère 56
Timbale de lieu noir 58

Symbole : ✚ Recettes fournies par des bénévoles et des bénéficiaires de la Croix-Rouge française

Lieu noir sauce verte 58
Mulet en papillote 60
Chinchards aux oignons 62
Filets de maquereau sur lit de poireaux 62
Calmars aux tagliatelles 66
Pilaf de foies de volaille 68
Blancs de poulet à la crème d'oignons 68
Poulet au citron épicé 70
Waterzoï de poulet 72
Aumônières au poulet 74
Escalopes de dinde à l'ail doux 76
Rognons d'agneau poêlés 80
Jarret de porc grillé 80
Jambonneau au madère 84
Foie de porc aux petits raisins 84
+ Tourte aux épinards – Élisabeth Keller 86
Courgettes en faux soufflé 88
Chou nouveau à la crème d'épices 88
Fondue de chou frisé 90
Allumettes de céleri à la tomate 90
Salsifis à la normande 92
Petits flans de légumes verts 92
Fondue de poireaux 94
Courge spaghetti au lait de coco 94
Purée de patidou 96
Potiron au miel et aux raisins secs 98
Châtaignes aux carottes 98
Pommes de terre en moussaka 100
Potée aux haricots rouges 100
Lentilles au curry 102
Paillasson de légumes 102
Purée aux trois légumes 104

Tagliatelles au coulis de courgettes 42
Lasagnes aux épinards et au chèvre 44
Riz aux oignons et aux carottes 46
Harengs grillés aux épinards 56
Turban de poisson 60
Truite aux amandes 64
Rougets grondins sauce vierge 64
Salade de coques aux trois riz 66
+ Pansit – Hawa Kafando 70
Hauts de cuisse de poulet à la tomate 72
+ Couscous algérien – André Cabal 74
Brochettes de dinde en pita 76
Navarin à l'aigre-douce 78
Boulettes d'agneau à la grecque 78
Palette à la choucroute 82
Échine de porc en sanglier 82
+ Moussaka aux courgettes – Émilia Charmes-Anastastassova 86
Ratatouille à la citrouille 96
Quiche aux légumes 104

DESSERTS

Entremets à la ricotta 108
Riz à l'impératrice 108
Pommes au four à la normande 110
Couronne de pommes aux kiwis 111
+ Crumble pommes-poires – Henri Guiton 112
Coupes ardéchoises 112
Zéphyr du verger 113
Gâteau vapeur au chocolat, coulis d'orange 114
+ Tarte à l'orange – Catherine Lot 116
Biscuit roulé de grand-maman 116
Gâteau aux amandes 118
Gratin de reines-claudes 118
Chaud-froid d'abricots au caramel 119
Mousse à l'orange 122
Glace aux épices douces 124
Charlotte glacée 124

Pâte de yaourt aux fruits rouges 109
Coupes de fruits au sabayon 110
Tarte aux poires au chocolat 114
Coupes pralinées à la rhubarbe 120
Feuilletés aux kiwis 120
Crème brûlée au pain d'épices 122

Index des ingrédients 126
Crédits 128

Conseils pour manger équilibré à petit prix

Les règles d'or

Respectez les saisons

Ne gaspillez pas votre argent dans des produits fades importés hors saison. Profitez au contraire des périodes propres à chaque produit pour engranger en prévision des jours moins fastes (voir tableau ci-dessous).

Achetez en quantité

Achetez au moment où les produits sont le moins chers. Vous congèlerez le surplus ou bien vous ferez des conserves.

- **Fournissez-vous directement chez les producteurs.** Achetez un demi-veau ou un demi-agneau, que vous ferez découper et que vous congèlerez. Dans des champs ouverts au public, cueillez vous-même haricots verts, petits pois, framboises, etc., pour les congeler.
- **Conditionnements en grande quantité.** Conserves et liquides sont plus avantageux en quantité qu'en petits conditionnements fractionnés. Vérifiez toutefois que vous pourrez les utiliser en totalité.
- **Pas de fiasques** d'alcool (kirsch, porto, madère, cognac), beaucoup plus onéreuses que les bouteilles.
- **L'eau en pack.** Attention ! certains magasins facturent parfois au prix (très) fort les unités séparées, notamment dans le cas des bouteilles de 50 cl.
- **Achetez en filets** citrons, oranges, pommes, pommes de terre, oignons, avocats.

Faites-le vous-même

- **Cueillez** des baies sauvages (mûres, myrtilles, fraises des bois), des noisettes, des champignons ; ramassez des châtaignes.
- **Préparez ce que vous prévoyez de servir,** vous dépenserez moins d'argent. Les pâtes fraîches, plus chères que les sèches, deviennent bon marché si on fait soi-même la pâte. Même en petites quantités, vos confitures seront toujours meilleures et moins onéreuses que celles du commerce. Confectionnez du pain d'épice, du tarama, du guacamole, que vous pourrez congeler, des glaces, des sablés, des tuiles, etc. Parfumez vos huiles et vos vinaigres.

Petit calendrier de la pleine saison des produits frais

Poissons

Anchois : d'août à octobre
Grondin : de septembre à mai
Hareng : de novembre à décembre
Limande : de mai à octobre
Maquereau : de mars à septembre
Merlu (colin) : de mars à juillet
Mulet : de janvier à février, d'octobre à décembre
Rouget barbet : de septembre à décembre
Sardine : d'avril à octobre
Thon : d'avril à décembre
Vive : de mai à octobre
Bulot : de février à juillet, d'octobre à décembre
Seiche : avril-mai, de septembre à février
Coquille Saint-Jacques : d'octobre à mai
Coque : d'octobre à avril

La plupart des autres variétés de poissons courants sont disponibles toute l'année, au gré de la pêche.

Légumes

Asperge : de mars à juin
Aubergine : de juin à octobre
Châtaigne : d'octobre à décembre
Chou frisé : de décembre à mars
Chou nouveau : mars-avril
Citrouille : de septembre à mars
Concombre : d'avril à septembre
Courges : de septembre à mars
Courgette : de mai à novembre
Cresson : de septembre à mai
Endive : d'octobre à avril
Épinard : de février à juin ; en été, la tétragone
Fenouil : de juin à octobre et de décembre à mai
Haricot à écosser : de juillet à octobre
Haricot vert : de juillet à octobre
Patidou : de septembre à mars
Poireau : de septembre à juillet
Poivron : de juin à octobre
Potiron : de septembre à mars
Salsifis : de décembre à février
Tomate : de mars à octobre

Fruits

Abricot : de mai à août
Cassis : de mi-juin à mi-août
Cerise : de mai à juillet
Clémentine : de novembre à février
Fraise : de mi-avril à octobre
Framboise : de juin à septembre
Groseille : de juin à septembre
Melon : de juin à octobre
Mirabelle : de mi-août à septembre
Mûre : de mi-août à septembre
Nectarine : de juillet à septembre
Orange : de novembre à juin
Pastèque : de juin à septembre
Pêche : de juin à septembre
Poire : d'août à mai
Prune : juillet-août
Raisin : d'août à novembre
Reine-claude : de mi-août à septembre
Rhubarbe : mai-juin, septembre-octobre

Le bon choix

Les légumes et les fruits

Hors saison, les surgelés sont meilleur marché. Idem pour les fines herbes, surtout si vous n'avez pas l'utilisation d'un bouquet entier.

- **Les tomates en grappes,** plus chères, ne sont pas toujours meilleures que les tomates traditionnelles.
- **Les carottes** en vrac sont moins chères que les carottes vendues en bottes.
- **Les haricots mangetout** sont plus abordables que les haricots extrafins.
- **Les pommes de terre.** Choisissez plutôt la BF 15, la charlotte ou la bintje, qui ne voient pas leur prix flamber et permettent de réaliser toutes les préparations courantes.
- **Les salades.** Achetez-les en vrac, car les produits vendus en sachets sont pratiques mais plus onéreux.
- **Les poireaux.** Pour certaines préparations, les blancs de poireau sont plus avantageux que les poireaux entiers, surtout si leur fût est très court.
- **Les légumes secs.** Ne les boudez pas. Ils sont vraiment bon marché, faciles à stocker et d'une excellente qualité nutritionnelle. Haricots, lentilles, fèves, pois chiches, pois cassés sont source de protéines végétales, de glucides complexes, de fibres et de micronutriments variés.
- **Les fruits entiers.** Pour les fruits à couteau (pommes, poires, pêches, nectarines, oranges, etc.) et pour les bananes, choisissez de préférence un petit calibre : vous en aurez plus dans 1 kg.

Le riz

Préférez-le nature, il est moins cher que le riz parfumé ou mélangé à d'autres légumes. Il est également plus avantageux si vous l'achetez simplement conditionné ou en vrac et non pas dans des sachets de précuisson.

Le poisson

- **Surgelé,** il conserve toute sa valeur nutritionnelle et ne comporte pas de déchets. Préférez les grands conditionnements, toujours meilleur marché. Évitez les produits cuisinés ou précuisinés (portions panées par exemple), qui restent chers.
- **Origine.** La nouvelle réglementation européenne prévoit un étiquetage très clair, indiquant s'il s'agit d'un poisson d'élevage ou d'un poisson sauvage. Le poisson d'élevage est toujours moins cher, parfois aussi moins savoureux. Au bord de la mer, vous avez intérêt à aller à la criée lorsque les petits bateaux rentrent au port.
- **Entier ou en filets ?** Comparez les prix : les filets sont parfois plus avantageux (dans un poisson entier il y a environ 40 % de déchets). Toutefois, le colin (dont l'appellation officielle est merlu) entier est moins cher qu'au détail. Servez ce poisson chaud une première fois, puis présentez le reste froid à un autre repas.
- **Filets ou pavés ?** Certains poissonniers vendent le saumon en filets ou en pavés au même prix que le saumon en tranches ; celles-ci comportent un peu plus de déchets. Vérifiez le poids des pavés, souvent taillés trop généreusement : pour 4 personnes, achetez 2 pavés de 300 g ou 1 pavé de 600 g et recoupez-les vous-même avant ou après la cuisson.
- **Un poisson peut en remplacer un autre.** Dans les recettes classiques, remplacez le cabillaud (dont le prix grimpe) par du lieu noir.

Et le colin ?

- *Le terme colin, employé en région parisienne, n'est pas une appellation officielle : il s'agit en réalité du merlu (et le colinot est le merluchon).*
- *En revanche, le lieu noir a l'autorisation de porter le nom de colin ou de colin-lieu.*

Le congre

Sachez que c'est la partie le plus près de la tête qui comporte le moins d'arêtes.

Le meilleur moment

- *Achetez du thon frais uniquement en pleine saison. Des portions de 100 g par personne sont suffisantes, car la chair est très tassée.*
- *Quant au bar, saviez-vous qu'il est plus abondant lorsqu'il y a des tempêtes, ce qui fait baisser son prix ?*

Entre du lieu noir et du lieu jaune au même prix, prenez du lieu jaune, dont la saveur est plus fine. La dorade rose, la dorade grise et la sébaste, qui présentent une chair assez semblable, sont meilleur marché que la dorade royale. Le haddock (églefin fumé) peut être remplacé par du poisson vendu sous la dénomination « poisson fumé », à un prix plus bas. Moins fine que la sole, la limande-sole est aussi moins chère ; elle se prépare de la même façon.

Coquillages et crustacés

- **Les moules.** Vers le mois de février, elles maigrissent et n'offrent que peu de chair dans une grande coquille. Cela dure 3 mois environ.
- **Les coquilles Saint-Jacques.** Mieux vaut les acheter dans leur coquille. Demandez au poissonnier de les ouvrir. Souvent très chères, surtout lorsqu'il y a eu de la tempête, elles voient leur prix baisser par temps calme. Si elles sont abondantes, elles sont souvent vendues par 3 kg (ce qui convient pour 4 personnes) à un prix avantageux. Vous pouvez les congeler immédiatement après les avoir rapidement rincées. Vous les ferez décongeler au réfrigérateur dans du lait coupé d'eau. Les coquilles sans corail (généralement en début de saison, soit octobre-novembre) sont tout aussi savoureuses que les coquilles avec corail.
- **Les langoustines.** Les non calibrées sont beaucoup moins chères que les belles (20/6 : 9 euros le kilo).
- **Les bulots.** Ils sont meilleur marché crus et seront plus savoureux si vous les faites cuire vous-même. C'est facile. Faites-les tremper 15 minutes dans de l'eau salée ou vinaigrée. Égouttez-les, plongez-les dans un court-bouillon froid très poivré et faites-les cuire 20 minutes, sans laisser bouillir. Laissez refroidir dans le liquide de cuisson.
- **Pour les bigorneaux,** procédez de la même façon, mais le temps de cuisson n'est que de 10 minutes.
- **Tarama** en grande quantité. Vous avez intérêt à le préparer vous-même soit avec des œufs de cabillaud fumés, soit avec du tarama (préparation de base vendue dans les épiceries grecques), dont il ne faut que 1 cuillerée à café pour confectionner tout 1 bol.

La viande

- **Rôti sans barde.** Il faut savoir que la barde qui entoure les rôtis (qui ne doit pas excéder 10 %) est vendue au prix de la viande. Mieux vaut donc acheter de la viande non bardée.
- **Les bas morceaux** à mijoter ou à bouillir (par opposition aux morceaux nobles à griller ou à rôtir) sont intéressants et par leur prix et par les multiples recettes dans lesquelles ils peuvent entrer. Les joues de porc et les joues de veau, vendues chez les tripiers et chez certains bouchers, sont moins chères que des morceaux dits nobles et tout aussi savoureuses.
- **Les abats.** Certains abats comme le foie, les rognons, le cœur sont peu onéreux, moins riches en lipides (graisses) que la viande et excellents sur le plan nutritionnel. Le foie d'agneau est souvent préféré au foie de veau tant pour le goût que pour le coût.
- **Emballé, ce n'est pas donné !** Le jambon vendu à la coupe est moins cher au kilo que le jambon vendu tout emballé. Le lard vendu au poids est moins cher que des lardons tout prêts et se garde plus longtemps. Vous l'utiliserez au fur et à mesure de vos besoins et vous pouvez retirer aisément la couenne et les cartilages, voire le dégraisser.

Idée de présentation de légumes crus

- *Des strates de poivron en dés et de rouleaux de courgettes taillées en lamelles, le tout orné de ciboulette en fleur et de graines de sésame.*

Conseils pour manger équilibré à petit prix

Volailles, lapin, gibier

- **Choisissez lapins et volailles en connaissance de cause :** les produits à label sont plus savoureux que ceux qui n'en ont pas (sauf si vous vous les procurez directement chez l'éleveur). Vérifiez sur l'étiquette le nombre de jours, le mode d'élevage et l'alimentation qui leur a été donnée.
- **Vérifiez la date limite de consommation** pour les volailles et les viandes vendues en barquettes ou sous film et n'attendez pas le dernier jour pour les consommer. Si elles doivent être préparées en sauce, mieux vaut les cuisiner à l'avance et les conserver au réfrigérateur ou au congélateur.
- **Préférez les bêtes entières,** car elles coûtent moins cher que les découpes, surtout s'il s'agit de lapin. Les cuisses de poulet avec une portion de dos voient leur poids (et donc leur prix) augmenté de cette portion, qui ne comporte que de l'os. Quant au lapin, gardez les devants pour faire des rillettes ; utilisez la tête pour parfumer la sauce ou une soupe de légumes.
- **Le gibier surgelé** est bien plus abordable que le gibier frais vendu chez le boucher ou le volailler.

Les œufs

Inutile d'acheter de gros œufs. Ceux de 60/65 g sont le plus couramment employés en cuisine, sauf mention spéciale dans la recette. Réservez les œufs coque ou extrafrais à la dégustation. Pour la cuisine, contentez-vous d'œufs frais. Vérifiez les dates sur l'emballage.

Les produits laitiers

- **Achetez en fonction de vos besoins :** optez plutôt pour les briques de petite contenance (lait, crème fraîche, sauce Béchamel, crème anglaise, etc.) afin de ne pas risquer de perdre la quantité non employée. Les packs de 2, 3 ou 4, voire 6 pour le lait, sont intéressants si vous savez où les stocker.
- **Les yaourts.** Faites-les vous-même ou achetez-les par paquets de 8 ou de 16 (sans oublier de vérifier la date limite de consommation). Préférez-les nature, cela revient moins cher, et aromatisez-les vous-même avec du miel, de la confiture ou des fruits frais : c'est meilleur !

Les fromages

Le fromage en morceaux est meilleur marché que s'il est acheté déjà râpé. Lorsque les camemberts sont proposés par 2, choisissez-en un bon à consommer immédiatement, conservez le second (moins fait ou pas du tout) dans le bac à légumes du réfrigérateur, où il s'affinera peu à peu. Achetez les petits fromages (saint-marcellin, crottins, cabécous, rocamadours) par 2 ou 3 quand c'est possible. Ils sont plus avantageux que s'ils sont vendus à la pièce et se conservent parfaitement.

Pain, viennoiserie, biscuits

- **Achetez brioches rassises et madeleines en sacs** chez le boulanger pour fabriquer des desserts : pommes au four à la normande, crumble, etc.
- **Un panettone** « bas de gamme » comportant très peu de fruits (secs ou confits) peut remplacer avantageusement une génoise ou un biscuit de Savoie. Conservez le surplus bien emballé. Vous pourrez le griller pour le petit déjeuner.
- **Biscuits à la cuillère.** Préférez une grande boîte dans laquelle les biscuits sont emballés par 3 ou par 6, le surplus se conservera aisément puisque les paquets n'auront pas été ouverts.

Si les volailles sont bien fraîches *et que vous souhaitez n'en consommer qu'une partie, coupez le reste en morceaux et congelez-les.*

Indispensable :
la liste des courses

• Partez avec une liste de courses et essayez de vous y tenir le plus possible. Il y a de notables différences de prix d'une grande surface à l'autre : comparez et, si vous en avez le temps et la possibilité, faites deux listes séparées (essentiellement pour l'épicerie) afin de profiter des avantages proposés par chacun des magasins.

Où acheter ?

Au supermarché

• **Les prix.** Pas facile de comparer les prix pour des poids différents. Plutôt que de sortir la calculette, reportez-vous au prix au kilo ou au litre inscrit sur l'étiquette. Pensez aussi à vous baisser : les rayons du bas sont généralement réservés aux denrées les moins chères. Les grandes centrales ont maintenant leur propre marque, souvent moins chère que les autres, n'hésitez pas à tester leurs produits.

• **Les promotions.** Vérifiez qu'elles sont réellement intéressantes : la mention « offre spéciale » apposée sur un poulet signifie souvent que la date limite de consommation est atteinte. Pour les lots, vérifiez le prix à l'unité. Profitez des promotions si vous savez que vous pourrez réellement consommer les produits proposés. Pour tous les produits frais emballés, vérifiez la date limite de consommation et choisissez toujours le lot comportant la date limite la plus éloignée. Livrez-vous à un rapide calcul pour savoir si vous aurez vraiment le temps de consommer la totalité de ces produits. Dans le cas contraire, il ne s'agit plus d'une réelle économie ! Mais profitez sans hésiter des lots de produits qui se conservent bien : tablettes de chocolat, café, biscuits, etc.

Sur les marchés

• **Chez le poissonnier.** Les poissonneries étant de plus en plus rares, c'est sur le marché que vous trouverez le plus grand choix de poissons frais. Allez-y sans idée préconçue, car les fluctuations de la pêche sont telles qu'on ne sait jamais ce qu'on trouvera à l'étal. Fournissez-vous toujours chez le même poissonnier, qui saura vous conseiller et se gardera de vous vendre les restes du marché précédent.

• **Chez le marchand de fruits et légumes.** Fruits et légumes y sont (souvent) moins chers qu'en supermarché et plus frais. Profitez des offres du genre 3 kg de tomates pour le prix de 2, mais faites-le en sachant exactement ce que vous achetez. Si ces produits sont trop avancés pour être conservés plus de 24 heures, vous devez être sûr de pouvoir les transformer le jour même en sauces, coulis ou compotes.

• **Chez le grainetier.** Outre le riz et les légumes secs, vous y trouverez un grand choix d'olives, des fruits secs, séchés et confits vendus en vrac, de la noix de coco, des pistaches, de la poudre d'amandes ou de noisettes beaucoup moins chers que ceux vendus sous marque dans des emballages scellés. Conservez les fruits secs dans des boîtes hermétiques, rangez les poudres dans leur sac plastique fermé dans le bac à légumes du réfrigérateur.

En boutiques spécialisées

• **Épiceries fines et boutiques de produits exotiques.** Achetez les épices en vrac, cela vous reviendra moins cher, car vous ne paierez ni l'habillage ni le flacon. Achetez-les en petite quantité, car elles s'éventent rapidement, transvasez-les dans des bocaux et conservez-les à l'abri de la lumière. Si possible, achetez-les non moulues (elles se conserveront plus longtemps) et utilisez un moulin à épices. La crème de noix de coco en pains solides, qu'on trouve dans les boutiques de produits asiatiques, est plus économique qu'en flacon ou en boîte : il suffit en effet de prélever la quantité désirée, de refermer le paquet et de le garder au réfrigérateur, alors qu'il faut utiliser rapidement un flacon ou une boîte de conserve entamés.

• **Magasins de produits diététiques.** Vous y achèterez du bouillon de légumes en poudre. Une boîte de 300 g qui peut paraître chère à l'achat est plus économique que des tablettes instantanées. Son dosage est facile et vous pourrez vous en servir comme fond de sauce.

Des menus pour chaque saison

Printemps

Entre copains

Crème rubis glacée 24

Brochettes de dinde en pita 76

Salade verte

Yaourt nature

Fruit frais de saison

Crème rubis glacée

Menu dominical

Salade de légumes râpés 26

Truite aux amandes 64

Fromage blanc à 0 %

Coupes pralinées à la rhubarbe 120

Coupes pralinées à la rhubar

Dimanche à la campagne

Potage au fenouil 20

Jarret de porc grillé 80

Allumettes de céleri à la tomate 90

Tarte aux poires au chocolat 114

Jarret de porc grillé

Dîner en famille

Salade de tomates en vinaigrette

Moussaka aux courgettes 86

Petits-suisses nature

Glace aux épices douces 124

Moussaka aux courgettes

Été

Entre copains

Soupe de poivrons glacée 24

Filets de maquereau sur lit de poireaux 62

Légumes de saison

Riz à l'impératrice 108

Filets de maquereau sur lit de poireaux

Dîner en famille

Couronne de courgettes 28

Hauts de cuisse de poulet à la tomate 73

Spaghettis au pistou 44

Fromage blanc à 0 %

Fruit frais de saison

Hauts de cuisse de poulet à la tomate

Menu dominical

Salade d'aubergine grillée 26

Poulet au citron épicé 70

Purée aux trois légumes 104

Yaourt nature

Coupes de fruits au sabayon 110

Coupes de fruits au sabayon

Exotique

Tsatsiki 32

Pansit 70

Feuilletés aux kiwis 120

Tsatsiki

Automne

Dîner dominical

Soupe de petits pois à la menthe 22
Couscous algérien 74
Fruit de saison

Soupe de petits pois à la menthe

Entre copains

Soupe de tomates 22
Jambonneau au madère 84
Purée de patidou 96
Petits-suisses nature
Crumble pommes-poires 112

Purée de patidou

Pour recevoir

Salade grecque 28
Navarin à l'aigre-douce 78
Pâte de yaourt aux fruits rouges 109

Pâte de yaourt aux fruits rouges

Dîner gourmand

Petites tatins aux tomates confites 30
Rougets grondins sauce vierge 64
Fromage blanc à 0 %
Couronne de pommes aux kiwis 111

Rougets grondins sauce vierg

Hiver

Dîner gourmand

Poireaux gribiche 29
Lieu noir sauce verte 58
Fromage de chèvre frais
Salade verte
Zéphyr du verger 113

Poireaux gribiche

En famille

Salade fermière 27
Tourte aux épinards 86
Yaourt nature
Fruit frais de saison

Salade fermière

Entre copains

Velouté de courgettes au cerfeuil 20
Palette à la choucroute 82
Petits-suisses nature
Pommes au four à la normande 110

Pommes au four à la normande

Pour recevoir

Soufflé au fromage de chèvre 36
Escalopes de dinde à l'ail doux 76
Timbales de riz panachées 46
Charlotte glacée 124

Timbales de riz panachées

Entrées

Velouté de courgettes au cerfeuil	20
Potage au fenouil	20
Soupe de tomates	22
Soupe de petits pois à la menthe	22
Crème rubis glacée	24
Soupe de poivrons glacée	24
Salade d'aubergine grillée	26
Salade de légumes râpés	26
Salade fermière	27
Salade grecque	28
Couronne de courgettes	28
Poireaux gribiche	29
Petites tatins aux tomates confites	30
Guacamole	30
Tsatsiki	32
Pissaladière	32
Compote de pois chiches	34
Terrine de saumon, sauce à l'estragon	34
Soufflé au fromage de chèvre	36
Blinis	36
Aumônière au pélardon	38
Cake au jambonneau	38

Velouté de courgettes au cerfeuil

Pour 4 personnes

- 500 g de courgettes
- 2 gousses d'ail
- 30 g de fromage frais aux fines herbes
- 1 petit bouquet de cerfeuil
- sel, poivre (facultatif)

Préparation : 10 minutes **Cuisson :** 15 minutes

1 Pelez les courgettes et coupez-les en rondelles de 1 cm d'épaisseur.

2 Portez 1 litre d'eau à ébullition. Salez. Ajoutez les courgettes. Couvrez et faites cuire 15 min.

3 Rincez le cerfeuil, ôtez les grosses queues et ciselez les feuilles. Pelez l'ail, retirez le germe et pressez les gousses au-dessus des courgettes. Ajoutez le fromage aux herbes et le cerfeuil. Passez la soupe au mixeur plongeant. Rectifiez l'assaisonnement.

Potage au fenouil

Pour 4 personnes

- 2 bulbes de fenouil
- 150 g de pommes de terre
- 150 g de carottes
- 1 oignon
- 2 tomates
- 1 gousse d'ail
- huile d'olive
- 10 cl de crème fleurette à 15 %
- persil haché
- 1 tablette de bouillon cube
- sel, poivre

Préparation : 15 minutes **Cuisson :** 30 minutes

1 Épluchez et lavez les légumes ; pelez et épépinez les tomates.

2 Coupez tous les légumes en petits dés.

3 Faites chauffer un peu d'huile dans une cocotte et mettez doucement les légumes à revenir.

4 Remuez quelques minutes puis verser 1 litre d'eau. Salez, poivrez et ajoutez le bouillon cube. Couvrez et laissez cuire à petits bouillons pendant 30 min.

5 Réservez une louche de dés de légumes et passez le reste au mixeur.

6 Mélangez les dés et les légumes mixés, versez la crème fleurette et parsemez de persil haché. Servez aussitôt.

Velouté de courgettes au cerfeuil

Variante

• *Faites cuire les courgettes dans 1 litre de bouillon de volaille. Ajoutez la chair d'un petit avocat et l'ail avant de mixer. Incorporez le cerfeuil ciselé et relevez d'un peu de piment en poudre.*

Potage au fenouil

Petit plus

• *Pour donner un petit air de fête à cette recette toute simple, déposez un brin de céleri en branche sur chaque assiette.*

Soupe de tomates

Pour 4 personnes

. 1 kg de tomates bien mûres
. 2 blancs de poireau
. 2 gousses d'ail nouveau
. 1 cuill. à café de concentré de tomates
. 3 branches de persil plat
. 1 branche de céleri
. 2 branches de thym
. 1 feuille de laurier
. 1 poignée de vermicelle
. 1 cuill. à soupe d'huile d'olive
. 20 g de beurre
. 2 pincées de sucre
. sel, poivre

Préparation : 15 minutes **Cuisson :** 30 minutes

1 Ôtez les racines et la première feuille des poireaux. Lavez-les, puis coupez-les le plus finement possible.

2 Faites chauffer l'huile d'olive dans une casserole. Ajoutez les poireaux, laissez-les fondre 10 min à couvert.

3 Lavez les tomates, essuyez-les et ôtez le pédoncule. Coupez-les en morceaux, réduisez-les en purée au robot, puis tamisez cette préparation pour éliminer les morceaux de peau et les pépins. Pelez l'ail et écrasez-le au presse-ail.

4 Rincez le persil et hachez finement les feuilles. Liez ensemble les queues du persil, le céleri, le thym et le laurier.

5 Ajoutez les tomates aux poireaux ainsi que le concentré de tomates, le persil haché, l'ail, le sucre et le bouquet d'herbes. Salez. Couvrez et laissez cuire 15 min à petits frémissements.

6 Retirez le bouquet d'herbes. Versez le vermicelle dans la soupe et laissez cuire pendant 5 min.

7 Incorporez le beurre en dés. Poivrez et rectifiez l'assaisonnement.

Soupe de petits pois à la menthe

Pour 6 personnes

. 1 kg de petits pois moyens ou fins congelés, frais ou en conserve
. 1 bouquet de menthe fraîche
. 2 cubes de bouillon de volaille
. 25 cl de crème liquide à 15 %
. 100 g d'allumettes de jambon

Préparation : 30 minutes **Cuisson :** 20 minutes
Réfrigération : 3 heures

1 Mettez les cubes de bouillon dans une casserole avec 1 litre d'eau et ajoutez les petits pois ; faites-les cuire à l'eau frémissante pendant environ 20 min.

2 Égouttez en réservant le bouillon de cuisson et quelques petits pois pour la garniture.

3 Mixez (ou passez au moulin à légumes) les petits pois avec les feuilles de menthe et la crème.

4 Si le mélange paraît trop épais, ajoutez un peu de bouillon.

5 Pour servir glacé : mettez au réfrigérateur la veille ou 3 h avant de servir. Décorez avec les petits pois réservés et 2 feuilles de menthe.

6 Pour servir chaud : ajoutez le jambon.

Soupe de tomates

Variante

- *À la place du vermicelle, liez la soupe avec 2 cuill. à soupe de crème de riz délayée dans 2 cuill. à soupe d'eau froide.*

Tour de main

- *Si l'ail n'est pas nouveau, coupez les gousses en deux et retirez le germe qui se trouve au centre.*

Antigaspi

- *Hors saison, remplacez les tomates par 1 litre de jus de tomate ou par des tomates en boîte avec leur jus.*

Soupe de petits pois à la menthe

Variante

- *Pour plus de goût, vous pouvez remplacer le jambon par des petits lardons fumés.*

Crème rubis glacée

Pour 4 personnes

- . 2 betteraves cuites d'environ 200 g chacune
- . 5 petits oignons blancs
- . 1 tablette de bouillon de pot-au-feu
- . 2 cuill. à soupe de jus de citron
- . 2 cuill. à soupe de crème fraîche épaisse
- . sel, poivre

Préparation : 10 minutes **Cuisson :** 2 minutes
Réfrigération : 3 heures minimum

1 Faites bouillir 40 cl d'eau et faites fondre la tablette de bouillon.

2 Pelez les betteraves et coupez-les en morceaux. Épluchez les petits oignons et taillez-les en lamelles.

3 Mixez les betteraves avec les oignons, le bouillon et le jus de citron. Ajoutez la crème fraîche et mixez à nouveau. Rincez le mixeur immédiatement après l'avoir utilisé.

4 Mettez la crème rubis au réfrigérateur et laissez-la glacer pendant au moins 3 h.

5 Servez dans des petites coupes ou des petits bols individuels.

Soupe de poivrons glacée

Pour 4 personnes

- . 4 poivrons rouges
- . 1 oignon
- . 1 courgette
- . 2 tablettes de bouillon de volaille
- . 2 pincées de sucre
- . 2 gousses d'ail nouveau
- . 1,5 cuill. à café de vinaigre de xérès
- . 2 pincées de paprika ou de piment d'Espelette
- . 1 branche de basilic
- . 1 cuill à soupe d'huile d'olive
- . sel

Préparation : 10 minutes **Cuisson :** 25 minutes
Réfrigération : 3 heures minimum

1 Rincez les poivrons, ôtez le pédoncule, les graines et les filaments blancs. Taillez la pulpe en morceaux. Épluchez l'oignon et hachez-le. Pelez la courgette et coupez-la en dés.

2 Faites chauffer l'huile dans une casserole et faites revenir l'oignon, les poivrons et la courgette pendant 3 min.

3 Portez 75 cl d'eau à ébullition. Versez-la sur les légumes ; ajoutez les tablettes de bouillon et le sucre. Couvrez et laissez cuire de 15 à 20 min. Mixez.

4 Pelez l'ail et passez-le au presse-ail au-dessus de la soupe. Ajoutez le vinaigre et le paprika. Rectifiez l'assaisonnement. Laissez refroidir puis mettez au réfrigérateur pendant 3 h minimum.

5 Servez la soupe bien fraîche dans des bols, garnissez de quelques feuilles de basilic finement ciselées et arrosez d'un filet d'huile d'olive.

Crème rubis glacée

Conseils

- *Si vous disposez de betteraves crues, brossez-les sous l'eau courante, couvrez-les largement d'eau froide, salez et laissez cuire pendant au moins 2 h 30 (ou 1 h à l'autocuiseur).*
- *La cuisson au four (dans un plat avec très peu d'eau, 2 h à 180 °C pour des petits légumes de 8 cm de diamètre) donne des betteraves plus savoureuses mais n'est raisonnable que si vous avez une certaine quantité de légumes.*

Soupe de poivrons glacée

Salade d'aubergine grillée

Pour 4 personnes

- 1 grosse aubergine
- 1 cuill. à soupe d'huile d'olive
- 1 cuill. à soupe de concentré de tomates
- 1/2 cuill. à soupe de coriandre en poudre
- 1/2 cuill. à café de cumin en poudre
- 1 cuill. à café de sucre
- 2 pincées d'ail moulu
- sel, poivre

Préparation : 10 minutes **Cuisson :** 30 minutes

1 Lavez l'aubergine, mettez-la sous le gril du four et laissez-la griller pendant 20 min, en la tournant à mi-cuisson.

2 Coupez-la en deux, retirez la pulpe avec une cuillère et mettez-la dans une passoire.

3 Dans une poêle à revêtement antiadhésif, faites chauffer l'huile, le concentré de tomates, la coriandre et le cumin. Mélangez soigneusement pendant 30 s. Ajoutez l'aubergine, salez et poivrez, poudrez de sucre et d'ail moulu.

4 Écrasez l'aubergine à la fourchette en bois et remuez en écrasant le tout pendant environ 5 min, toujours à la fourchette, jusqu'à obtention d'une purée onctueuse. Servez chaud, tiède ou froid avec des tranches de pain grillées.

Astuce

- *Relevez éventuellement la préparation avec 1 pincée de piment.*

Salade de légumes râpés

Pour 4 personnes

- 2 oignons
- 1 concombre
- 1 poivron
- 4 carottes
- 100 g gruyère
- 2 branches de céleri
- vinaigrette

Préparation : 10 minutes

1 Épluchez et lavez le concombre, le poivron et les carottes.

2 Râpez les légumes, les oignons et le fromage.

3 Coupez le céleri en dés.

4 Mettez le tout dans un saladier, ajoutez la vinaigrette.

Petit plus

- *Cette salade peut s'accompagner de jambon, de thon ou d'œufs durs.*

Salade fermière

Pour 4 personnes

. 1 petit cœur de frisée
. 2 foies de volaille
. 300 g de gésiers confits
. 1 cuill. à café de moutarde forte
. 2 cuill. à soupe d'huile
. 2 cuill. à soupe de vinaigre de vin
. 2 cuill. à soupe de groseilles surgelées
. 1 cuill. à café de crème de cassis
. sel, poivre

Préparation : 15 minutes **Cuisson :** 5 minutes

1 Effeuillez la salade, retirez les grosses côtes, lavez et essorez les feuilles. Coupez-les en grosses lanières. Mélangez la moutarde, du sel et du poivre avec 1 cuill. à soupe de vinaigre. Ajoutez l'huile, émulsionnez la sauce et assaisonnez-en la salade. Répartissez la frisée sur un plat de service. Sortez les groseilles du congélateur.

2 Nettoyez les foies de volaille et coupez-les en dés. Déposez les gésiers dans une poêle antiadhésive et faites-les chauffer à feu doux.

3 Retirez les gésiers avec une écumoire et posez-les sur une planche à découper. Couvrez-les d'aluminium ménager. Mettez les dés de foie dans la poêle et faites-les sauter 1 min à feu vif. Salez-les. Retirez-les à l'écumoire de la poêle et éparpillez-les sur la salade. Coupez les gésiers en lamelles. Déposez-les également sur la salade.

4 Versez le reste du vinaigre dans la poêle et grattez avec une spatule pour dissoudre les sucs. Ajoutez la crème de cassis et les groseilles. Laissez chauffer quelques secondes en remuant. Versez le tout sur le plat et servez sans attendre.

Salade fermière

Variante

- *Remplacez les groseilles par du cassis ou des framboises. Dans ce dernier cas, ne mettez pas les framboises dans la poêle mais ajoutez-les à la salade, après l'avoir nappée de jus.*

Salade grecque

Pour 4 personnes

. 1 concombre
. 3 tomates
. 160 g de feta
. persil
. 2 oignons
. 40 cl de vinaigrette
. sel, poivre

Préparation : 15 minutes

1 Pelez le concombre, coupez-le en rondelles et laissez-le dégorger 10 à 15 min dans une passoire.

2 Pendant ce temps, coupez les tomates en quartiers ou en rondelles, épluchez et émincez les oignons.

3 Hachez le persil et coupez la feta en tout petits dés.

4 Répartissez tous les éléments de cette salade grecque dans les assiettes, salez, poivrez, nappez de vinaigrette et servez très frais.

Couronne de courgettes

Pour 6 personnes

. 1,250 kg de courgettes
. 250 g d'oignons
. 70 g de blé à cuisson rapide
. 50 g de parmesan râpé
. 2 gros œufs
. 8 olives noires
. 3 branches d'aneth
. 1 gousse d'ail
. 2 tomates
. 2 cuill. à soupe d'huile d'olive
. 1 pincée de sucre
. sel, poivre

Préparation : 20 minutes **Cuisson :** 1 heure

1 Faites bouillir une casserole d'eau. Salez, versez le blé et laissez-le cuire pendant 10 min.

2 Pelez les courgettes, ôtez-en les extrémités, passez-les sur la râpe à gros trous. Épluchez les oignons et coupez-les en lamelles. Pelez l'ail, passez-le au presse-ail.

3 Faites chauffer 1 cuill. à soupe d'huile dans une sauteuse. Faites blondir les oignons, ajoutez l'ail et les courgettes. Laissez les courgettes rendre leur eau pendant 15 min à feu moyen, en remuant souvent.

4 Égouttez le blé. Battez les œufs à la fourchette avec du sel et du poivre. Rincez l'aneth, égouttez-le, mettez 1 branche de côté et hachez le reste. Coupez les olives en éclats. Faites chauffer le four à 200 °C (th. 7).

5 Ajoutez aux courgettes 1 pincée de sucre puis le blé, les œufs, les olives, l'aneth et le parmesan. Versez la préparation dans un moule en couronne à revêtement antiadhésif. Tapez le moule 2 ou 3 fois sur le plan de travail pour tasser la préparation. Enfournez et faites cuire pendant 40 min. Laissez refroidir.

6 Ébouillantez les tomates, pelez-les, ôtez-en le pédoncule, coupez-les en tranches épaisses, retirez les pépins et taillez la pulpe en dés. Salez, poivrez, arrosez de 1 cuill. à soupe d'huile.

7 Démoulez la couronne froide sur un lit de salade. Déposez les tomates au centre de la couronne et parsemez-les du reste de l'aneth.

Poireaux gribiche

Pour 4 personnes

. 4 gros poireaux
. 1 œuf
. 1/2 cuill. à café de moutarde
. 10 cl d'huile d'arachide
. 3 cornichons
. 1 cuill. à soupe de vinaigre
. 3 branches de persil plat
. 5 branches de cerfeuil
. 1 branche d'estragon
. sel, poivre

Préparation : 10 minutes **Cuisson :** 20 minutes

1 Supprimez les racines et la première feuille des poireaux. Coupez et réservez le vert. Lavez soigneusement les blancs.

2 Faites bouillir de l'eau dans une sauteuse. Salez. Déposez les blancs de poireau dans l'eau bouillante. Laissez-les cuire 20 min à partir de la reprise de l'ébullition. Égouttez-les soigneusement et laissez-les tiédir.

3 Faites durcir l'œuf pendant 10 min dans l'eau bouillante. Rafraîchissez-le, écalez-le et retirez le jaune. Hachez le blanc.

4 Lavez le persil, le cerfeuil et l'estragon, épongez-les et coupez les tiges. Ciselez finement les feuilles. Hachez les cornichons au couteau.

5 Écrasez le jaune d'œuf dans un bol. Ajoutez la moutarde, du sel et du poivre, et mélangez soigneusement. Versez l'huile goutte à goutte, puis en mince filet, en fouettant comme pour monter une mayonnaise. Lorsque la sauce est bien ferme, ajoutez le vinaigre puis le hachis d'herbes et de cornichons. Vérifiez l'assaisonnement.

6 Taillez 4 longues lanières dans des feuilles de poireau bien vertes. Rincez-les, séchez-les. Déposez les poireaux tièdes sur un plat. Passez une lanière de vert sous l'extrémité de chaque poireau, à environ 2 cm, et nouez-la en faisant une boucle. Présentez la sauce gribiche à part.

Poireaux gribiche

Astuce

● *Vous pouvez enrichir la sauce gribiche de câpres concassées. Dans ce cas, utilisez le vinaigre de conservation pour la confection de la sauce.*

Petites tatins aux tomates confites

Pour 4 personnes

. 1 kg de tomates mûres mais fermes
. 200 g de pâte feuilletée
. 2 cuill. à soupe d'huile d'olive
. 2 gousses d'ail nouveau
. 4 branches de thym
. 2 pincées de sucre
. sel, poivre

Préparation : 15 minutes **Cuisson :** 2 h 15

1 Faites chauffer le four à 100 °C (th. 3).

2 Plongez les tomates quelques secondes dans l'eau bouillante puis passez-les sous l'eau froide pour les peler. Coupez-les en quatre et enlevez les pépins.

3 Versez l'huile dans un plat ou sur une plaque à revêtement antiadhésif. Salez et poivrez. Ajoutez le sucre. Effeuillez le thym au-dessus du plat. Retournez les tomates 2 ou 3 fois dans ce mélange, puis étalez-les dans le plat les unes à côté des autres.

4 Pelez les gousses d'ail et coupez-les en lamelles très fines. Parsemez-en les tomates. Enfournez et faites confire pendant 2 h. Égouttez les tomates et laissez-les refroidir. Réservez leur jus de cuisson.

5 Montez la température du four à 200 °C (th. 7).

6 Étalez la pâte feuilletée. Taillez 4 disques à la dimension du diamètre supérieur de 4 moules à tartelettes. Répartissez les tomates confites dans les moules en les faisant se chevaucher. Déposez les disques de pâte au-dessus des tomates. Enfournez et laissez cuire 15 min.

7 Démoulez les tartelettes sur les assiettes, arrosez-les de leur jus de cuisson et servez sans attendre.

Guacamole

Pour 4 personnes

. 2 avocats
. 2 cuill. à soupe de jus de citron vert
. 1 petit oignon nouveau
. 1 tomate
. 1/2 gousse d'ail
. 1 pincée de piment en poudre
. sel

Préparation : 15 minutes

1 Pelez l'oignon et hachez-le finement. Ébouillantez la tomate, pelez-la, retirez le pédoncule, coupez-la en quatre et épépinez-la. Hachez grossièrement la pulpe.

2 Coupez les avocats en deux, retirez le noyau et prélevez la chair.

3 Mettez cette pulpe dans le bol d'un mixeur. Arrosez-la de jus de citron vert. Faites fonctionner l'appareil quelques secondes.

4 Ajoutez dans le bol du mixeur l'oignon, la tomate, l'ail passé au presse-ail, le piment et un peu de sel. Mixez jusqu'à obtention d'une purée homogène.

5 Versez le guacamole dans un bol, couvrez de film alimentaire et réservez au réfrigérateur jusqu'au moment de servir.

Petites tatins aux tomates confites

Antigaspi

- *Couvertes d'huile d'olive, les tomates confites se gardent plusieurs jours au réfrigérateur. Vous pouvez donc en préparer une plus grande quantité pour économiser la chaleur du four. Elles égaient et parfument des salades, des pâtes, du riz, des poissons, etc.*

Guacamole

Conseils

- *Servez ce guacamole à l'apéritif avec des bâtonnets de légumes crus et des petites tortillas.*
- *En entrée, accompagnez-le de pain grillé ou farcissez-en de petites tomates.*

Astuce

- *Si l'avocat ne se pèle pas facilement, extrayez la chair avec une cuillère à soupe.*

Tsatsiki

Pour 4 personnes

- 1 concombre
- 2 yaourts nature
- 1 gousse d'ail
- persil frais haché
- le jus de 1/2 citron
- sel

Préparation : 10 minutes **Réfrigération :** 1 heure

1 Pelez le concombre, râpez-le et mettez-le dans un saladier.

2 Ajoutez les yaourts, la gousse d'ail pilée et le persil.

3 Mélangez bien le tout.

4 Ajoutez le jus de citron et mélangez à nouveau. Mettez au réfrigérateur 1 h minimum. Servez bien frais.

Pissaladière

Pour 4 personnes

- 200 g de farine
- 10 g de levure de boulanger
- 700 g d'oignons blancs
- 8 filets d'anchois à l'huile
- 2 pincées d'origan
- 1 feuille de laurier
- 6 olives noires
- 3 cuill. à soupe d'huile d'olive
- sel, poivre

Préparation : 30 minutes **Repos de la pâte :** 2 heures
Cuisson : 50 minutes

1 Délayez la levure avec 2 cuill. à soupe d'eau tiède. Disposez la farine en fontaine dans une terrine. Ajoutez 1 pincée de sel, 1 cuill. à soupe d'huile d'olive et la levure. Travaillez la pâte du bout des doigts, en versant peu à peu environ 12 cl d'eau pour obtenir une pâte souple et molle. Travaillez cette pâte en l'étirant pendant 5 min. Couvrez-la d'un linge et laissez-la lever dans un endroit tiède, à l'abri des courants d'air, pendant environ 2 h.

2 Épluchez les oignons et coupez-les en fines lamelles. Faites chauffer 2 cuill. à soupe d'huile d'olive dans une sauteuse. Faites fondre les oignons à feu doux pendant 5 min. Ajoutez le laurier et l'origan. Salez et poivrez. Couvrez et laissez cuire pendant 30 min, toujours à feu doux et en remuant fréquemment : les oignons doivent rester transparents.

3 Essuyez les filets d'anchois, coupez-les en morceaux et ajoutez-les aux oignons. Laissez-les fondre 2 à 3 min, puis arrêtez la cuisson. Ôtez le laurier.

4 Préchauffez le four à 240 °C (th. 8). Huilez une plaque à pâtisserie. Faites retomber la pâte en la travaillant à la main. Posez-la sur la plaque et étalez-la avec les doigts. Répartissez les oignons dessus jusqu'à 1 cm des bords. Enfournez et laissez cuire pendant 25 min.

5 Coupez les olives en deux et dénoyautez-les. Parsemez-en la pissaladière 5 min avant la fin de la cuisson, face bombée au-dessus.

Tsatsiki

Pissaladière

Tour de main

- *Si vous n'avez pas de levure fraîche, utilisez 1/2 sachet de levure sèche. Refermez le sachet le plus hermétiquement possible avec du scotch et remettez-le dans la boîte.*

Compote de pois chiches

Pour 4 personnes

. 1 boîte de pois chiches de 400 g
. 1/2 citron
. 1 gousse d'ail
. 3 cuill. à soupe d'huile d'olive
. 1 pincée de cumin en poudre
. 1 petite olive noire

Préparation : 10 minutes

1 Versez les pois chiches dans une passoire et rincez-les sous l'eau froide. Égouttez-les.Passez-les au moulin à légumes, grille fine.

2 Rincez le demi-citron et essuyez-le. Prélevez une longue bande de zeste et enroulez-la pour figurer une petite rose. Réservez-la pour la décoration. Pressez le demi-citron. Pelez l'ail et passez-le au presse-ail.

3 Mélangez la purée de pois chiches, le jus du demi-citron, l'ail et le cumin dans le bol haut d'un mixeur plongeant. Ajoutez l'huile et mixez. Vérifiez l'équilibre des saveurs.

4 Versez la compote dans une coupelle et placez la rose surmontée de l'olive noire au centre.

5 Conservez la compote au réfrigérateur jusqu'au moment de passer à table.

Terrine de saumon, sauce à l'estragon

Pour 6 personnes

. 200 g de filet de saumon
. 4 œufs
. 25 cl de lait
. poudre de quatre-épices
. 1 cuill. à soupe de cognac
. Tabasco
. 2 branches d'estragon
. sel, poivre
. beurre

Pour la sauce :
. 20 cl de crème liquide très froide
. 1 branche d'estragon
. 1 cuill. à café de jus de citron
. sel

Préparation : 15 minutes **Cuisson :** 50 minutes

1 Faites chauffer le four à 150 °C (th. 5). Préparez un bain-marie frémissant. Beurrez soigneusement un petit moule à cake de 75 cl.

2 Rincez 1 branche d'estragon et ciselez les feuilles. Coupez le saumon en morceaux. Passez-le au robot avec les œufs, le lait, 2 pincées de quatre-épices, le cognac, quelques gouttes de Tabasco et l'estragon haché.

3 Versez la préparation dans le moule. Couvrez d'aluminium ménager. Déposez le moule dans le bain-marie et laissez cuire pendant 50 min. Laissez refroidir dans le moule et conservez la terrine au réfrigérateur.

4 Au moment de servir, préparez la sauce : rincez l'estragon et hachez finement les feuilles. Ajoutez 1 pincée de sel à la crème et fouettez-la. Lorsqu'elle est bien montée, incorporez le jus de citron et l'estragon.

5 Démoulez la terrine sur un plat long en passant soigneusement la lame d'un couteau tout autour pour ne pas la casser. Rincez et essuyez la branche d'estragon restante, détachez les feuilles et ornez-en le dessus de la terrine. Présentez la sauce à part, en saucière.

Compote de pois chiches

Conseil

- *Servez avec du pain grillé, du pain pita ou des blinis.*

Antigaspi

- *Il reste un demi-citron, conservez-le au réfrigérateur enveloppé de film alimentaire.*

Astuce

- *Le moulin à légumes permet d'éliminer les peaux des pois chiches. Si vous préférez l'usage du robot, prenez soin de pincer chaque pois entre le pouce et l'index pour ôter la peau, avant de les réduire en purée.*

Terrine de saumon, sauce à l'estragon

Astuce

- *Sortez la terrine du réfrigérateur 30 min avant de servir pour qu'elle ne soit pas trop froide.*

Antigaspi

- *Il n'est pas utile de prendre des œufs extrafrais pour cette préparation.*

Soufflé au fromage de chèvre

Pour 4 personnes

- 40 g de beurre
- 90 g de fromage de chèvre affiné
- 40 g de farine
- 25 cl de lait
- 4 œufs
- 2 branches de thym
- 1 pincée de piment
- sel, poivre

Préparation : 20 minutes **Cuisson :** 25 minutes

1 Coupez le fromage en lamelles. Faites fondre 30 g de beurre dans une casserole, ajoutez le fromage et faites chauffer le tout à feu doux en remuant avec une cuillère en bois. Ajoutez la farine et mélangez pendant 1 min. Arrosez peu à peu avec le lait, tout en continuant à remuer, et portez à ébullition. Laissez mijoter 30 s. Ajoutez le piment, poivrez largement. Hors du feu, effeuillez le thym au-dessus de la casserole, mélangez et laissez tiédir.

2 Faites chauffer le four à 200 °C (th. 7). Beurrez généreusement un moule à soufflé avec le reste du beurre.

3 Cassez les œufs en séparant les blancs des jaunes. Incorporez les jaunes deux par deux à la sauce au fromage. Salez légèrement.

4 Saupoudrez les blancs d'œufs d'une pincée de sel et battez-les en neige bien ferme. Ajoutez vigoureusement le quart des blancs à la préparation, puis incorporez délicatement le reste avec une cuillère à soupe en coupant le mélange de bas en haut pour ne pas faire redescendre les blancs : le soufflé ne monterait pas.

5 Versez la préparation dans le moule et enfournez pour 25 min. Servez le soufflé immédiatement, dans le moule de cuisson.

Blinis

Pour 4 personnes

- 60 g de farine de sarrasin
- 60 g de farine ordinaire
- 1 sachet (8 g) de levure de boulanger lyophilisée
- 2 œufs
- 25 cl de lait
- beurre
- sel

Préparation : 10 minutes **Repos de la pâte :** 15 minutes + 1 heure
Cuisson : 25 minutes

1 Faites fondre la levure dans 2 cuill. à soupe de lait tiède et laissez reposer le mélange 15 min.

2 Mélangez les deux farines et 2 pincées de sel dans une jatte. Ajoutez la levure et le reste du lait et mélangez au fouet à main. Cassez les œufs en séparant les blancs des jaunes. Incorporez les jaunes à la pâte. Couvrez d'un linge et laissez reposer 1 h dans un endroit tiède, à l'abri des courants d'air.

3 Au moment de la cuisson, ajoutez 1 pincée de sel aux blancs d'œufs et battez-les en neige un peu molle. Remuez la pâte puis incorporez-y les blancs.

4 Faites chauffer une poêle à blinis. Beurrez-la légèrement et déposez-y 1 louche de pâte en l'inclinant légèrement pour étaler un peu la préparation. Laissez cuire 1 min 30 de chaque côté. Déposez le blini sur une assiette et couvrez. Faites cuire 7 autres blinis de la même façon.

Soufflé au fromage de chèvre

Astuce

- *Pour que le soufflé monte bien, ne faites pas de coulure en versant la pâte et passez le doigt tout autour du moule pour décoller la préparation du bord. N'emplissez le moule qu'aux trois quarts et n'ouvrez pas la porte du four pendant la cuisson.*

Antigaspi

- *Utilisez des restes de fromage de chèvre ou de brebis qui ne feraient plus très bonne figure sur un plateau.*

Blinis

Conseil

- *Servez ces blinis chauds, avec du tarama, du saumon fumé et de la crème, du guacamole (voir p. 30)*

Antigaspi

- *Bien emballés, les blinis se conservent très bien au réfrigérateur. Ils se réchauffent à four doux, enveloppés d'aluminium ménager. Vous pouvez aussi les mettre dans le grille-pain en veillant à ne pas les laisser chauffer longtemps.*

Aumônières au pélardon

Pour 4 personnes

. 8 feuilles de brik
. 2 pélardons
. 250 g d'oignons
. 12 cerneaux de noix
. 1 gousse d'ail
. 2 branches de thym
. 1 cuill. à soupe d'huile d'olive
. 1 pincée de sucre
. sel, poivre

Préparation : 15 minutes **Cuisson :** 40 minutes

1 Épluchez les oignons et taillez-les en fines lamelles. Pelez l'ail et passez-le au presse-ail.

2 Faites chauffer l'huile dans une casserole à revêtement antiadhésif. Ajoutez les oignons, l'ail et 1 pincée de sucre. Mélangez, couvrez et laissez fondre à feu doux pendant 30 min. Laissez tiédir.

3 Faites chauffer le four à 200 °C (th. 7). Brisez les cerneaux de noix en petits morceaux.

4 Coupez les pélardons en deux, horizontalement. Pliez 4 feuilles de brik en quatre. Coupez-les en arrondi avec des ciseaux à environ 5 cm du centre. Posez chacun des disques obtenus au centre d'une feuille de brik entière pour renforcer le fond des aumônières.

5 Répartissez les oignons sur les disques. Parsemez de noix. Posez 1 moitié de pélardon par-dessus. Poivrez. Effeuillez le thym sur le fromage. Relevez les bords des briks, rapprochez-les le plus possible et maintenez-les en forme d'aumônière en les liant avec de la ficelle de cuisine.

6 Posez les aumônières sur une plaque à revêtement antiadhésif. Enfournez à mi-hauteur et laissez cuire pendant 10 min, jusqu'à ce que les briks soient dorés. À la sortie du four, coupez les ficelles et retirez-les. Servez sans attendre.

Cake au jambonneau

Pour 6 personnes

. 200 g de jambonneau cuit, non pané
. 150 g de farine
. 1 cuill. à café de levure alsacienne
. 3 œufs
. 10 cl de lait
. 4 cuill. à soupe d'huile d'olive
. 50 g de gruyère râpé
. 10 g de beurre
. sel, poivre

Préparation : 15 minutes **Cuisson :** 1 heure

1 Faites chauffer le four à 170 °C. (th. 6).

2 Versez la farine dans un saladier. Ajoutez la levure, 3 pincées de sel, 12 tours de moulin à poivre et les œufs. Mélangez soigneusement, puis incorporez le lait et l'huile.

3 Coupez le jambonneau en petits dés. Incorporez-les à la pâte, ainsi que le gruyère.

4 Beurrez un moule à cake de 24 cm de long et versez-y la pâte. Lissez le dessus avec une spatule. Enfournez et laissez cuire pendant 1 h.

5 Laissez reposer le cake pendant 10 min puis démoulez-le sur une grille pour le laisser tiédir avant de le mettre sur un plat.

Aumônières au pélardon

Variante

- *Vous pouvez remplacer le pélardon par du picodon ou tout autre fromage de chèvre de même diamètre (environ 5 cm).*

Astuce

- *À défaut de plaque à revêtement antiadhésif, couvrez une plaque à pâtisserie de papier sulfurisé.*

Cake au jambonneau

Antigaspi

- *Enveloppez le reste du cake dans du film alimentaire pour le conserver. Vous le ferez réchauffer à four doux.*
- *S'il en reste peu, coupez-le en petits cubes que vous ajouterez à une salade verte bien relevée.*
- *S'il en reste au moins 4 tranches, passez-les au grille-pain et garnissez-les d'oignons confits ou de fromage de chèvre.*
- *S'il reste du jambonneau, utilisez-le dans une piperade ou une omelette.*

Conseils

- *Servez ce cake tiède de préférence.*
- *Pour l'apéritif, coupez-le en tranches que vous recouperez en 4 ou 6 morceaux.*

Plats

Langues-d'oiseau à la tomate 42
Tagliatelles au coulis de courgettes 42
Spaghettis au pistou 44
Lasagnes aux épinards et au chèvre 44
Timbales de riz panachées 46
Riz aux oignons et aux carottes 46
Salade d'automne 48
Riz aux champignons 48
Paella aux légumes 50
Gratin de riz d'Halloween 50
Millet jardinière 52
Polenta soufflée 52
Succotash 54
Quiche au thon et aux poireaux 54
Sardines aux macaronis 55
Brandade légère 56
Harengs grillés aux épinards 56
Timbale de lieu noir 58
Lieu noir sauce verte 58
Mulet en papillote 60
Turban de poisson 60
Chinchards aux oignons 62
Filets de maquereau sur lit de poireaux 62
Truite aux amandes 64
Rougets grondins sauce vierge 64
Calmars aux tagliatelles 66
Salade de coques aux trois riz 66
Pilaf de foies de volaille 68
Blancs de poulet à la crème d'oignons 68
Poulet au citron épicé 70
Pansit 70
Waterzoï de poulet 72
Hauts de cuisse de poulet à la tomate 72
Aumônières au poulet 74
Couscous algérien 74
Escalopes de dinde à l'ail doux 76
Brochettes de dinde en pita 76
Navarin à l'aigre-douce 78
Boulettes d'agneau à la grecque 78
Rognons d'agneau poêlés 80
Jarret de porc grillé 80
Palette à la choucroute 82
Échine de porc en sanglier 82
Jambonneau au madère 84
Foie de porc aux petits raisins 84
Moussaka aux courgettes 86
Tourte aux épinards 86
Courgettes en faux soufflé 88
Chou nouveau à la crème d'épices 88
Fondue de chou frisé 90
Allumettes de céleri à la tomate 90
Salsifis à la normande 92
Petits flans de légumes verts 92
Fondue de poireaux 94
Courge spaghetti au lait de coco 94
Ratatouille à la citrouille 96
Purée de patidou 96
Potiron au miel et aux raisins secs 98
Châtaignes aux carottes 98
Pommes de terre en moussaka 100
Potée aux haricots rouges 100
Lentilles au curry 102
Paillasson de légumes 102
Purée aux trois légumes 104
Quiche aux légumes 104

Langues-d'oiseau à la tomate

Pour 4 personnes

. 300 g de langues-d'oiseau
. 3 cuill. à soupe d'oignons déshydratés
. 3 gousses d'ail nouveau
. 1 litre de coulis de tomates
. 1 branche de thym
. 1 feuille de laurier
. 1 bâton de cannelle
. 2 cuill. à soupe d'huile d'olive
. sel

Préparation : 5 minutes **Cuisson :** 40 minutes

1 Pelez les gousses d'ail et hachez-les ou passez-les au presse-ail après en avoir retiré le germe.

2 Mettez l'ail dans une casserole avec l'huile, le coulis de tomates, les oignons déshydratés, le thym, le laurier, la cannelle et 60 cl d'eau. Salez. Portez à ébullition, couvrez et laissez frémir doucement pendant 20 min.

3 Versez les pâtes en pluie dans la casserole et laissez cuire pendant 20 min à petite ébullition, en remuant de temps en temps.

4 Retirez le thym, le laurier et la cannelle. Versez le contenu de la casserole dans un plat creux et servez bien chaud.

Les langues-d'oiseau sont également vendues sous le nom de grains de riz ou de grains de blé.

Tagliatelles au coulis de courgettes

Pour 4 personnes

. 300 g de tagliatelles
. 300 g de courgettes
. 1 tablette de bouillon d'aromates échalote-persil
. 1 gousse d'ail
. 60 g de fromage de chèvre frais
. sel, poivre

Préparation : 10 minutes **Cuisson :** 15 minutes

1 Rincez les courgettes, coupez les extrémités et pelez-les ; conservez 1 ou 2 rubans de peau. Coupez les courgettes en quatre puis recoupez-les en lamelles.

2 Faites bouillir 10 cl d'eau. Ajoutez la tablette de bouillon et les courgettes. Couvrez et laissez cuire pendant 15 min.

3 Faites chauffer une grande casserole d'eau, salez et mettez les pâtes ; mélangez à la fourchette et laissez cuire selon les indications portées sur l'emballage.

4 Pelez la gousse d'ail, retirez le germe et passez-la au presse-ail.

5 Lorsque les courgettes sont cuites, mixez-les, ajoutez le fromage de chèvre émietté et l'ail. Mixez à nouveau. Vérifiez l'assaisonnement.

6 Hachez finement les rubans de peau de courgette et incorporez-les à la sauce.

7 Égouttez les tagliatelles, versez-les dans un plat chaud, nappez-les de sauce et mélangez. Servez sans attendre.

Langues-d'oiseau à la tomate

Astuce

• *Liez ensemble le thym, le laurier et le bâton de cannelle avec de la ficelle de cuisine pour pouvoir les retirer facilement à la fin de la cuisson.*

Antigaspi

• *En plein été, remplacez le coulis de tomates par des tomates très mûres passées au robot. Si vous n'en avez pas assez, complétez avec un peu de concentré de tomates.*

• *En saison, préparez du coulis de tomates sans l'assaisonner et congelez-le par portions de 25 ou 50 cl.*

Tagliatelles au coulis de courgettes

Astuce

• *Si vous utilisez des pâtes fraîches, doublez la quantité et laissez-les cuire seulement de 2 à 3 min.*

Petit plus

• *Des pâtes en couleurs. Si vous faites votre pâte à nouilles vous-même, préparez à cette occasion des tagliatelles colorées.Pour obtenir des pâtes vertes, faites cuire à sec dans une casserole 200 g d'épinards, égouttez-les soigneusement et passez-les au moulin à légumes grille fine. Ajoutez cette purée à la farine et aux œufs.*

Spaghettis au pistou

Pour 4 personnes

. 300 g de spaghettis
. 30 g d'amandes mondées
. 3 gousses d'ail
. 10 feuilles de basilic
. huile d'olive
. 50 g de parmesan râpé
. sel, poivre

Préparation : 10 minutes **Cuisson :** 10 minutes

1 Préparez le pistou : rincez les feuilles de basilic et essuyez-les. Pelez les gousses d'ail, retirez le germe et coupez-les en morceaux. Mettez l'ail, le basilic, les amandes et le parmesan dans le bol d'un robot. Poivrez. Ajoutez 5 cuill. à soupe d'huile d'olive et faites fonctionner l'appareil jusqu'à obtention d'une pâte homogène.

2 Portez une grande casserole d'eau à ébullition. Salez. Plongez les spaghettis dans l'eau bouillante et laissez-les cuire al dente selon les indications portées sur l'emballage.

3 Après avoir versé 2 cuill. à soupe de l'eau de cuisson dans un plat creux chaud, égouttez les pâtes et mettez-les dans le plat. Ajoutez le pistou et mélangez soigneusement. Servez sans attendre avec le parmesan à part.

Lasagnes aux épinards et au chèvre

Pour 4 personnes

. 10 feuilles de lasagne
. 500 g d'épinards en branches surgelés
. 2 œufs
. 125 g de chèvre frais
. 1 crottin sec
. 50 cl de lait
. 1 cuill. à café de curry
. 2 gousses d'ail
. 2 cuill. à soupe d'huile
. 2 cuill. à soupe de farine
. noix muscade
. 2 pincées de sucre semoule
. sel, poivre

Préparation : 40 minutes **Cuisson :** 35 minutes

1 Faites décongeler les épinards en suivant les indications portées sur l'emballage, puis laissez-les cuire 5 min, jusqu'à ce que leur eau se soit évaporée. Hachez-les grossièrement.

2 Pelez l'ail et passez-le au presse-ail au-dessus des épinards. Ajoutez le curry. Salez, poivrez, ajoutez 2 pincées de noix muscade et le sucre. Incorporez le fromage de chèvre émietté.

3 Faites chauffer le four à 200 °C (th. 7).

4 Versez l'huile dans une casserole, ajoutez la farine et mélangez sur feu doux. Arrosez peu à peu avec le lait et portez à ébullition en remuant sans cesse. Ajoutez 1 pincée de noix muscade, salez et poivrez. Retirez la sauce du feu et incorporez les œufs battus.

5 Étalez un peu de sauce au fond d'un plat à gratin rectangulaire. Posez 2 feuilles de lasagne côte à côte. Recouvrez d'un peu de sauce et étalez le quart des épinards. Posez dessus 2 autres feuilles de lasagne, un peu de sauce, encore un quart des épinards. Continuez ainsi en terminant par 2 feuilles de lasagne et le reste de la sauce. Râpez le crottin sur toute la surface du plat.

6 Laissez gratiner au four pendant 30 min. Servez chaud, dans le plat de cuisson.

Spaghettis au pistou

Variante

• *Cette recette estivale peut être remplacée, en plein hiver, par des spaghettis à l'ail et au parmesan. Faites blondir 2 gousses d'ail en lamelles dans 10 cl d'huile d'olive chaude, ajoutez 50 g de parmesan râpé, laissez blondir doucement, puis versez sur les spaghettis.*

Antigaspi

• *Achetez de préférence les amandes en vrac sur le marché. Pour éviter qu'elles ne rancissent, conservez-les dans leur sachet en plastique, dans le bac à légumes du réfrigérateur.*

Lasagnes aux épinards et au chèvre

Variante

• *Vous pouvez réaliser ce plat sans épinards et préparer des lasagnes blanches. Pour cela, augmentez la quantité de sauce d'un tiers, ajoutez 500 g de ricotta et 75 g de gruyère râpé, et saupoudrez le dessus de 75 g de parmesan.*

Antigaspi

• *Optez pour des épinards surgelés en portions, ce qui vous permettra de prélever juste la quantité nécessaire. Les sacs de 1 ou 2 kg reviennent évidemment moins cher que les boîtes de 450 g. Prenez ce qu'il vous faut et remettez tout de suite le reste au congélateur.*

Timbales de riz panachées

Pour 4 personnes

- 50 g de riz basmati
- 160 g d'épinards surgelés en branches
- 20 g de gruyère
- 1 pincée de cannelle en poudre
- 1 pincée de noix muscade
- 1 pincée de sucre
- sel

Préparation : 15 minutes **Cuisson :** 20 minutes

1 Faites bouillir de l'eau, salez, jetez-y le riz et laissez-le cuire pendant 18 min à partir de la reprise de l'ébullition.

2 Pendant ce temps, faites décongeler les épinards à feu doux, puis laissez-les cuire 3 min. Égouttez-les et hachez-les grossièrement. Assaisonnez-les avec le sucre, la cannelle et la noix muscade. Salez.

3 Râpez finement le gruyère. Égouttez le riz. Mélangez-le au fromage et ajoutez les épinards. Tassez la préparation dans 4 ramequins et laissez reposer quelques minutes.

4 Pour les démouler, retournez les ramequins sur les assiettes ou sur un plat de service. Servez ces timbales avec un plat en sauce (poisson, viande ou volaille), ou même avec un légume vert.

Riz aux oignons et aux carottes

Pour 4 personnes

- 70 g de riz rond
- 200 g de carottes
- 400 g d'oignons doux
- 1/2 cuill. à café de curry
- 1 tablette de bouillon de volaille
- sel, poivre

Préparation : 15 minutes **Cuisson :** 20 minutes

1 Pelez les carottes, lavez-les et coupez-les en petits dés.

2 Épluchez les oignons, coupez-les en deux et taillez-les en lamelles de 0,5 cm d'épaisseur.

3 Faites bouillir 40 cl d'eau. Ajoutez la tablette de bouillon, les carottes et les oignons. Remuez pour faire fondre la tablette. Couvrez et laissez cuire 10 min.

4 Versez ensuite le riz et le curry dans la casserole. Couvrez et laissez cuire pendant 18 min à petit feu. Vérifiez l'assaisonnement et servez chaud.

Timbales de riz panachées

Variante

- *Remplacez le gruyère par un autre fromage (tomme de brebis, parmesan, cantal, etc.), par un reste de jambon, que vous couperez finement, des pignons de pin ou encore le reste des cacahuètes de l'apéritif grossièrement brisées.*

Tour de main

- *Vous pouvez préparer les timbales à l'avance et les réchauffer au four à micro-ondes, à pleine puissance, couvertes de film étirable.*

Riz aux oignons et aux carottes

Variante

- *Après la cuisson, versez le tout dans un plat à gratin, saupoudrez de fromage râpé et faites dorer au four.*

Petit plus

- *Ajoutez un peu de crème fraîche à la préparation, elle n'en sera que plus moelleuse.*

Tour de main

- *Si vous n'avez pas d'oignons doux, plongez les lamelles d'oignon dans de l'eau bouillante et laissez-les frémir 3 min pour les adoucir. Égouttez-les et continuez la préparation de la recette.*

Salade d'automne

Pour 4 personnes

. 125 g de riz basmati
. 1/2 boîte de salsifis
. 4 figues fraîches
. 2 cuill. à soupe de jus de citron
. 1/4 de cuill. à café de curry
. 2 cuill. à soupe bombées de mayonnaise légère
. 1 petit bouquet de ciboulette
. sel

Préparation : 15 minutes **Cuisson :** 20 minutes

1 Faites bouillir une casserole d'eau. Salez, jetez-y le riz et laissez-le cuire 18 min à partir de la reprise de l'ébullition.

2 Égouttez les salsifis, rincez-les sous l'eau tiède et coupez-les en petits tronçons.

3 Rincez la ciboulette et ciselez-la. Passez les figues sous l'eau fraîche, essuyez-les, retirez la queue, coupez-les en dés ou en lamelles. Incorporez le curry et le citron à la mayonnaise.

4 Égouttez le riz, rafraîchissez-le et égouttez-le à nouveau. Ajoutez les salsifis, la mayonnaise et la ciboulette. Mélangez bien puis incorporez délicatement les morceaux de figue.

Riz aux champignons

Pour 4 personnes

. 150 g de riz semi-complet
. 250 g de champignons de Paris
. 1 belle échalote
. 10 cl de crème fraîche
. 1 cuill. à café de curry
. 1/2 cuill. à soupe d'huile d'olive
. sel, poivre

Préparation : 15 minutes **Cuisson :** 20 minutes

1 Versez dans une casserole une quantité d'eau égale à deux fois le volume du riz. Salez.

2 Rincez longuement le riz sous l'eau froide en le frottant entre vos mains, jusqu'à ce que l'eau soit claire. Versez le riz dans la casserole, portez à ébullition sur feu vif, couvrez, réduisez le feu et laissez cuire jusqu'à ce que toute l'eau soit absorbée. Laissez cuire encore 5 min, retirez du feu et laissez reposer 5 min.

3 Pendant ce temps, pelez l'échalote et hachez-la. Ôtez la partie sableuse du pied des champignons. Lavez-les rapidement, égouttez-les et coupez-les en lamelles. Faites chauffer l'huile dans une poêle. Laissez blondir l'échalote 2 min, puis ajoutez les champignons et faites-les cuire à feu vif jusqu'à ce que toute leur eau soit évaporée. Salez et poivrez.

4 Incorporez le curry à la crème et faites chauffer doucement. Salez.

5 Ajoutez au riz les champignons et la crème. Mélangez et servez chaud.

Salade d'automne

Astuce

• *Pour un plat complet, ajoutez des pétoncles poêlés et quelques crevettes.*

Antigaspi

• *Utilisez des figues très mûres, qui ne sont plus très présentables, mais manipulez-les avec précaution pour ne pas les écraser.*

• *Si vous utilisez peu de mayonnaise légère, préférez-la en tube : même si le tube est entamé, elle se garde plusieurs semaines au réfrigérateur, ce qui n'est pas le cas d'un pot.*

Riz aux champignons

Variante

• *Faites sauter des pleurotes coupées en lamelles épaisses avec des lardons et suivez la recette, mais sans le curry.*

Tour de main

• *Pour laver les champignons, passez-les un à un sous l'eau froide courante, en frottant rapidement le chapeau. Ne les laissez surtout pas tremper car ils se gorgeraient d'eau.*

Antigaspi

• *Une fois chaude, l'huile d'olive devient très fluide, une bonne raison pour en user avec parcimonie !*

Paella aux légumes

Pour 4 personnes

. 250 g de riz rond
. 2 courgettes
. 1/2 boîte de tomates pelées
. 100 g de petits pois surgelés
. 100 g de haricots mangetout
. 2 carottes
. 1 oignon
. 2 gousses d'ail
. 3 cuill. à soupe d'huile d'olive
. 2 tablettes de bouillon de volaille instantané
. 1/2 sachet d'épices à paella
. 3 branches de persil plat
. sel, poivre

Préparation : 25 minutes **Cuisson :** 20 minutes

1 Lavez les courgettes, ôtez-en les extrémités puis coupez-les en dés réguliers. Équeutez les haricots, lavez-les et coupez-les en tronçons de 2 cm. Pelez les carottes, lavez-les, coupez-les en petits dés.

2 Égouttez les tomates et hachez-les très grossièrement. Faites bouillir 80 cl d'eau et ajoutez les tablettes de bouillon ; faites-les fondre en remuant.

3 Pelez et hachez l'oignon et l'ail. Mettez l'huile à chauffer dans une poêle à paella ou dans une sauteuse. Faites fondre l'oignon et l'ail pendant 2 min, sans les laisser blondir. Ajoutez les courgettes, les haricots et les carottes. Faites revenir le tout 5 min à feu vif, sans cesser de remuer.

4 Versez le riz, les tomates et les épices. Remuez pendant 5 min à feu moyen, puis arrosez avec le bouillon. Salez et poivrez légèrement. Laissez cuire 20 min, en remuant de temps en temps.

5 Plongez les petits pois 5 min dans de l'eau bouillante. Égouttez-les et ajoutez-les au riz 5 min avant la fin de la cuisson.

6 Rincez le persil, effeuillez-le et hachez-le. Incorporez-le au riz. Éteignez le feu, couvrez et laissez reposer 5 min avant de servir.

Gratin de riz d'Halloween

Pour 4 personnes

. 200 g de riz à grains longs
. 600 g de potiron
. 250 g d'oignons
. 3 cuill. à soupe d'huile
. 50 g de parmesan râpé
. 50 g de chapelure
. beurre
. sel, poivre

Préparation : 20 minutes **Cuisson :** 45 minutes

1 Faites bouillir une casserole d'eau, salez, jetez-y le riz et laissez-le cuire pendant 3 min.

2 Pelez les oignons et hachez-les finement. Faites-les blondir 5 min avec 2 cuill. à soupe d'huile.

3 Faites chauffer le four à 180 °C (th. 6). Beurrez un plat à gratin.

4 Retirez soigneusement les graines et filaments du potiron. Recoupez la tranche en petits tronçons avec un grand couteau, ôtez la peau, puis taillez la pulpe en lamelles. Égouttez le riz en réservant son eau de cuisson. Mélangez-le avec les oignons et le potiron. Salez et poivrez. Garnissez le plat à gratin de ce mélange. Arrosez de 20 cl d'eau de cuisson du riz.

5 Mélangez la chapelure (ou du pain rassis haché au robot) avec le parmesan. Couvrez-en le plat. Arrosez légèrement d'huile. Enfournez et laissez cuire pendant 30 min.

Paella aux légumes

Tour de main

- *À défaut d'épices à paella, mélangez 1/2 cuillerée à café de curcuma avec 1 pincée de girofle en poudre, de paprika et de semoule d'ail.*

Antigaspi

- *Vous pouvez ajouter à cette paella un reste de poulet coupé en dés ou de légumes cuits à l'eau ou à la vapeur. Vous les ferez revenir rapidement dans un peu d'huile d'olive avant de les incorporer aux trois quarts de la cuisson.*

Gratin de riz d'Halloween

Antigaspi

- *Achetez une belle tranche de potiron. Emballez le surplus dans du film alimentaire : vous le conserverez 1 semaine au réfrigérateur.*
- *Le jour de l'achat, récupérez les graines, nettoyez-les, laissez-les sécher 2 ou 3 jours dans un endroit tiède et conservez-les dans un bocal bien fermé. Vous en parsèmerez gratins, légumes et salades après avoir retiré l'écorce avec un couteau pointu, ou vous les servirez à l'apéritif.*

Millet jardinière

Pour 4 personnes

- . 125 g de millet
- . 4 poireaux
- . 2 carottes
- . 150 g de petits pois surgelés
- . 1 cuill. à soupe d'huile
- . 1 cuill. à soupe de crème fraîche épaisse
- . 1 pincée de sucre
- . sel

Préparation : 10 minutes **Cuisson :** 30 minutes

1 Ôtez les racines, le vert et la première feuille des poireaux. Fendez les blancs en deux, lavez-les soigneusement, puis coupez-les en tronçons de 1 cm. Grattez les carottes et taillez-les en bâtonnets de la taille d'une allumette.

2 Faites chauffer l'huile dans une sauteuse. Ajoutez les poireaux et les carottes, laissez-les fondre 5 min à couvert. Incorporez le sucre.

3 Faites bouillir une quantité d'eau égale à deux fois le volume du millet. Salez.

4 Répartissez le millet sur les légumes. Versez l'eau bouillante, couvrez le plus hermétiquement possible et laissez cuire à feu doux pendant 25 min.

5 Faites cuire les petits pois 10 min dans l'eau bouillante salée. Égouttez-les.

6 Faites chauffer la crème, incorporez-la au millet, mélangez puis ajoutez les petits pois. Servez bien chaud

Polenta soufflée

Pour 4 personnes

- . 175 g de polenta à cuisson rapide
- . 2 tablettes de bouillon de volaille
- . 3 œufs
- . 30 g de parmesan râpé
- . 3 cuill. à soupe de crème liquide à 15%
- . beurre
- . sel

Préparation : 15 minutes **Cuisson :** 45 minutes

1 Faites chauffer le four à 200 °C (th. 7) et beurrez un petit moule à soufflé.

2 Mettez 40 cl d'eau à bouillir. Ajoutez les tablettes de bouillon, laissez-les se dissoudre puis versez la polenta en pluie dans le liquide. Remuez jusqu'à ce que toute l'eau soit absorbée et que vous obteniez une pâte lisse.

3 Incorporez la crème et le parmesan à la bouillie de maïs.

4 Cassez les œufs en séparant les blancs des jaunes. Incorporez les jaunes à la préparation. Ajoutez 1 pincée de sel aux blancs et battez-les en neige ferme. Incorporez-les à la préparation et mélangez délicatement.

5 Versez dans le moule. Lissez la surface. Enfournez et laissez cuire pendant 40 min.

Millet jardinière

Variante

- *Utilisez du maïs à la place des petits pois. Pimentez légèrement la préparation et remplacez la crème par du lait de coco.*

Tour de main

- *Pour tailler la carotte en bâtonnets, coupez-la en longues lamelles de 3 mm d'épaisseur, empilez celles-ci, recoupez-les dans l'autre sens sur une largeur de 3 mm, puis égalisez ces bâtonnets sur 4 à 5 cm de long.*

Polenta soufflée

Conseil

- *Servez cette polenta soufflée dès la sortie du four, avec un plat mijoté – bœuf bourguignon, daube, etc.*

Succotash

Pour 4 personnes

. 1/2 boîte de haricots rouges de 250 g (poids net égoutté)
. 1 boîte de maïs de 285 g (poids net égoutté)
. 1 gros oignon
. 2 petites cuill. à soupe de concentré de tomates
. 20 g de beurre
. 15 cl de crème à 5 %
. 2 pincées de sucre
. poivre

Préparation : 10 minutes **Cuisson :** 10 minutes

1 Égouttez les haricots et le maïs. Pelez l'oignon, coupez-le en deux et taillez-le en fines lamelles.

2 Faites fondre le beurre. Ajoutez l'oignon, mélangez et laissez à peine blondir pendant 5 min.

3 Versez le maïs et les haricots dans la casserole avec 2 cuill. à soupe d'eau, le concentré de tomates et le sucre. Couvrez et laissez chauffer quelques minutes à feu doux. Ajoutez la crème, poivrez et laissez mijoter encore 2 min.

Quiche au thon et aux poireaux

Pour 4 personnes

. 1 pâte brisée
. 200 g de thon
. 2 poireaux
. 20 cl de lait
. 2 œufs
. 2 cuill. à soupe de crème fraîche à 15 %
. 20 g de beurre
. sel, poivre

Préparation : 15 minutes **Cuisson :** 40 minutes

1 Lavez et coupez les poireaux en fines rondelles. Faites-les fondre doucement à la poêle avec le beurre 10 min environ. Salez et poivrez.

2 Battez les œufs avec le lait et la crème fraîche. Salez, poivrez.

3 Étaler la pâte dans le moule et piquez-la à la fourchette. Disposez le thon et les poireaux sur le fond de la tarte.

4 Versez dessus la préparation aux œufs et faites-la cuire à 180 °C (th. 6) pendant 40 min environ.

Variante

• *Remplacez le thon par du saumon ou tout autre poisson.*

Petit plus

• *Pour aller plus vite et éviter le beurre, faites cuire les poireaux à la vapeur pendant 7 min.*

Sardines aux macaronis

Pour 4 personnes

. 800 g de grosses sardines
. 250 g de macaronis
. 250 g de bulbe de fenouil
. 250 g d'oignons
. 2 cuill. à soupe de raisins secs
. 1/2 cuill. à café de curcuma
. 3 cuill. à soupe d'huile d'olive
. 1 cuill. à soupe de concentré de tomates
. sel, poivre

Préparation : 1 heure **Cuisson :** 25 minutes

1 Épluchez le fenouil. Coupez-le en quatre et cuisez-le 15 min dans de l'eau bouillante salée.

2 Étêtez, videz et rincez les sardines. Retirez l'arête centrale. Coupez la queue. Ôtez la peau tout en séparant les filets. Salez, poivrez.

3 Pelez et hachez les oignons. Faites-les blondir à feu doux dans une casserole avec 2 cuill. à soupe d'huile.

4 Égouttez le fenouil. Conservez son eau de cuisson. Hachez-le grossièrement. Ajoutez-le aux oignons, poudrez de curcuma, salez et poivrez, laissez mijoter jusqu'à ce que les oignons soient tendres.

5 Faites cuire les macaronis dans de l'eau bouillante salée le temps indiqué sur l'emballage.

6 Chauffez le reste de l'huile dans une poêle, déposez-y les sardines et laissez-les cuire 2 min à feu vif. Retirez-les sans les briser. Versez 4 cuill. à soupe de liquide de cuisson du fenouil et le concentré de tomates dans la poêle et grattez avec une spatule pour dissoudre les sucs. Versez ce jus sur le fenouil et les oignons. Ajoutez les raisins secs.

7 Égouttez les macaronis, mélangez-les à la sauce au fenouil, déposez le tout dans un plat et disposez les filets de sardine dessus. Servez sans attendre.

Sardines aux macaronis

Petit plus

- *Remplacez le curcuma par 1 dose de safran et incorporez 2 cuill. à soupe de pignons de pin aux macaronis.*

Tour de main

- *Pour détacher l'arête centrale des sardines, commencez par glisser la lame d'un couteau pointu juste sous les grosses arêtes du haut.*

Brandade légère

Dessalage : 24 heures **Préparation :** 10 minutes
Cuisson : 35 minutes

Pour 4 personnes

. 400 g de morue salée
. 350 g de céleri-rave
. 100 g de pommes de terre bintje
. 2 cuill. à soupe d'huile d'olive
. 10 cl de crème à 8 %
. 1 branche de thym
. 1 feuille de laurier
. 1 gousse d'ail
. sel, poivre

1 Mettez la morue dans une bassine d'eau fraîche et laissez-la tremper pendant 24 h, en renouvelant l'eau deux ou trois fois.

2 Épluchez le céleri-rave et les pommes de terre. Mettez les pommes de terre dans une casserole d'eau froide, salez et portez à ébullition. Coupez le céleri en morceaux, ajoutez-le et laissez cuire pendant 30 min.

3 Rincez la morue, mettez-la dans une sauteuse avec le thym et le laurier, couvrez-la d'eau froide et laissez frémir pendant 20 min.

4 Égouttez la morue, effeuillez-la et retirez les arêtes. Passez-la au robot, ajoutez le céleri, puis les pommes de terre et l'huile. Incorporez ensuite la crème. Salez et poivrez. Pelez l'ail, passez-le au presse-ail et ajoutez-le également. Servez bien chaud.

Harengs grillés aux épinards

Préparation et cuisson : 20 minutes

Pour 4 personnes

. 8 harengs d'environ 125 g chacun, étêtés et vidés
. 500 g d'épinards
. 2 cuill. à soupe de crème à 5 % de mat. grasses
. 2 cuill. à soupe de moutarde de Dijon
. sel, poivre

1 Triez les épinards et lavez-les à grande eau. Faites chauffer une grande casserole. Sortez les épinards de l'eau par poignées et jetez-les dans la casserole. Tournez-les à plusieurs reprises jusqu'à ce qu'ils aient diminué de volume.

2 Salez et poivrez, ajoutez la crème et la moutarde. Mélangez et laissez mijoter doucement sans couvrir pour que l'eau s'évapore.

3 Allumez le gril du four. Passez les harengs sous l'eau froide et essuyez-les. Salez légèrement l'intérieur. Déposez-les tête-bêche dans un plat et glissez-les à 10 cm du gril du four. Laissez-les cuire 5 min, retournez-les et laissez-les encore 3 min. Servez aussitôt, avec les épinards.

Brandade légère

Variante

- *Vous pouvez remplacer le céleri par 200 g de pommes de terre, soit 300 g en tout. Une fois la brandade terminée, façonnez-la en galettes et faites-les dorer à la poêle.*

Harengs grillés aux épinards

Variante

- *Arrosez les harengs de beurre fondu additionné de jus de citron et de persil haché et servez-les avec des pommes de terre cuites à la vapeur.*

Astuces

- *Ainsi cuits sous le gril, les harengs dégagent beaucoup moins d'odeur qu'avec un autre mode de cuisson.*
- *Si vous retirez l'arête centrale des harengs, enduisez légèrement l'intérieur avec de la moutarde forte avant de les faire cuire.*

Timbale de lieu noir

Pour 4 personnes

- 300 g de lieu noir surgelé
- 150 g de pommes de terre charlotte ou bintje
- 3 œufs
- 2 échalotes
- 40 g de beurre
- 4 cuill. à soupe de crème fraîche liquide
- sel, poivre

Préparation : 15 minutes **Cuisson :** 45 minutes

1 Brossez les pommes de terre, mettez-les dans une casserole d'eau froide, salez, couvrez et laissez cuire 25 min.

2 Déposez le poisson dans une casserole d'eau froide, salez, portez doucement à ébullition. Réduisez le feu au premier bouillon, couvrez et laissez frémir 3 min. Laissez le poisson tiédir dans son liquide de cuisson. Égouttez-le, effeuillez-le et écrasez-le grossièrement à la fourchette. Vérifiez qu'il ne reste pas d'arêtes.

3 Épluchez les échalotes, hachez-les finement, faites-les fondre 5 min à feu doux avec 10 g de beurre. Ajoutez la crème et retirez du feu.

4 Préchauffez le four à 200 °C (th. 7). Beurrez un moule à soufflé d'environ 18 cm de diamètre. Cassez les œufs en séparant les blancs des jaunes.

5 Pelez les pommes de terre, écrasez-les à la fourchette. Incorporez à cette préparation 20 g de beurre, la crème aux échalotes, du poivre, les jaunes d'œufs et le poisson.

6 Ajoutez 1 pincée de sel aux blancs d'œufs, battez-les en neige ferme et incorporez-les délicatement à la préparation. Versez dans le moule, lissez la surface, enfournez et laissez cuire 20 min, jusqu'à ce que le dessus de la timbale soit doré et gonflé.

Lieu noir sauce verte

Pour 4 personnes

- 4 tranches de lieu noir d'environ 150 g chacune
- 30 g d'épinards hachés surgelés
- 3 branches de persil
- 1 échalote
- 2 gousses d'ail
- 2 cuill. à soupe de velouté de cresson en sachet
- 1 cuill. à soupe de vinaigre de vin
- 2 cuill. à soupe de crème à 15 % de mat. grasses
- 1 feuille de laurier
- sel, poivre

Préparation et cuisson : 20 minutes

1 Rincez le poisson et essuyez-le avec du papier absorbant. Mettez-le dans une sauteuse, couvrez d'eau froide, ajoutez le laurier, salez et faites cuire 10 min à petit feu.

2 Pelez l'échalote et l'ail, hachez-les finement. Mettez-les dans une casserole avec le vinaigre et 10 cl d'eau. Portez doucement à ébullition et laissez réduire aux trois quarts, sans couvrir et à feu doux.

3 Ajoutez 25 cl d'eau, portez à ébullition, versez le velouté en pluie, en remuant avec un fouet à main, puis laissez cuire 5 min, à petite ébullition. Incorporez les épinards décongelés.

4 Rincez le persil, épongez-le et hachez les feuilles. Ajoutez-les au velouté ainsi que la crème, laissez chauffer 2 min.

5 Égouttez le poisson avec une spatule à fentes, déposez-le sur un plat chaud et nappez-le de sauce.

Timbale de lieu noir

Petit plus

- *Relevez la préparation avec 1 pincée de piment et 1 cuill. à café d'aneth haché surgelé.*

Antigaspi

- *Vous pouvez préparer cette recette avec un reste de poisson cuit.*
- *Pour le moule qui doit être bien graissé, utilisez de la margarine : moins chère que le beurre, elle s'étale mieux et supporte mieux la chaleur.*

Lieu noir sauce verte

Conseil

- *Servez avec des pommes de terre ou des courgettes cuites à la vapeur.*

Petits plus

- *Avant de mettre le poisson sur le plat de service, retirez la peau noire intérieure et la peau extérieure du poisson.*
- *Vous pouvez ajouter à la sauce du cerfeuil haché ou quelques câpres.*

Tour de main

- *Ne laissez pas bouillir le poisson. Dès que la chair se détache de l'arête centrale (vérifiez avec la pointe d'un couteau), retirez-le du feu et couvrez.*

Mulet en papillote

Pour 4 personnes

. 1 mulet de 1,2 kg écaillé et vidé
. 2 citrons
. 1 cuill. à soupe d'huile d'olive
. 2 cuill. à soupe de crème à 5 %
. sel, poivre

Préparation : 15 minutes **Cuisson :** 50 minutes

1 Faites chauffer le four à 200 °C (th. 7). Rincez le poisson et essuyez-le avec du papier absorbant. Salez et poivrez l'intérieur.

2 Pelez 1 citron à vif et coupez-le en fines rondelles.

3 Rangez des rondelles de citron sur une grande feuille de papier sulfurisé. Déposez le mulet dessus, salez légèrement, poivrez généreusement puis recouvrez avec le reste des rondelles. Arrosez d'huile d'olive.

4 Fermez le papier sulfurisé, enfournez et laissez cuire pendant 45 min.

5 Cannelez le second citron, retirez les 2 extrémités, coupez-le en rondelles et recoupez celles-ci en deux.

6 Lorsque la cuisson est achevée, entrouvrez la papillote et récupérez le jus de cuisson dans une petite casserole. Ajoutez-y la crème et laissez chauffer quelques secondes. Rectifiez l'assaisonnement.

7 Déposez le poisson sur un plat et garnissez-le avec les rondelles de citron cannelé.

Turban de poisson

Pour 6 personnes

. 700 g de filets de merlu surgelés
. 5 œufs
. 4 pincées de cannelle
. 2 pincées de curcuma, 2 pincées de noix muscade, 2 pincées de piment
. sel, poivre

Pour la sauce :

. 6 cuill. à soupe de mayonnaise légère
. 3 cuill. à soupe de bisque de homard en boîte
. 1 cuill. à soupe de jus de citron

Préparation : 15 minutes **Cuisson :** 50 minutes
Réfrigération : 5 heures

1 Déposez les filets de poisson dans une sauteuse, couvrez-les d'eau froide, salez, portez lentement à ébullition, couvrez, éteignez le feu et laissez tiédir.

2 Égouttez le poisson. Cassez les œufs dans une jatte et battez-les à la fourchette. Parfumez-les avec la cannelle, le curcuma et la noix muscade. Ajoutez le piment, salez et poivrez. Incorporez le poisson en le morcelant avec les doigts.

3 Faites chauffer le four à 170 °C (th. 5-6). Beurrez un moule à savarin à revêtement antiadhésif. Versez-y la préparation, déposez le moule dans un bain-marie, couvrez-le d'aluminium ménager, enfournez et laissez cuire pendant 40 min.

4 Laissez refroidir le turban à température ambiante, puis mettez-le au réfrigérateur pendant 5 h.

5 Préparez la sauce en mélangeant la mayonnaise, la bisque de homard et le jus de citron.

Mulet en papillote

Antigaspi

- *Coupez les rondelles de citron sur un plan de travail muni d'une rigole, pour récupérer le jus, que vous ajouterez au jus de cuisson.*

Astuce

- *Vérifiez que le poisson est parfaitement écaillé en passant la main dessus, de la queue vers la tête.*

Turban de poisson

Petits plus

- *Garnissez le centre du turban avec un bulbe de fenouil tranché en bâtonnets, plongés 5 min dans de l'eau bouillante salée, et parsemés d'un peu d'aneth haché.*
- *Parfumez la sauce de quelques gouttes de cognac.*

Tour de main

- *Pour démouler le turban, retournez un plat de service rond sur le moule, prenez l'ensemble avec les deux mains, retournez, secouez jusqu'à ce que vous entendiez le turban tomber dans le plat de service.*

Chinchards aux oignons

Préparation et cuisson : 20 minutes

Pour 4 personnes

. 4 chinchards d'environ 200 g chacun vidés
. 400 g d'oignons
. 100 g de semoule de couscous moyenne
. 2 cuill. à soupe de vinaigre de vin
. 2 cuill. à soupe de raisins secs
. 2 cuill. à soupe d'huile d'olive
. 10 g de beurre
. 3 cuill. à soupe de farine
. 1/4 de cuill. à café de cannelle
. sel, poivre

1 Pelez les oignons, coupez-les en deux, puis retaillez-les en fines lamelles. Mettez 1 cuill. d'huile à chauffer dans une casserole, ajoutez les oignons, mélangez pour qu'ils soient bien enrobés et laissez-les blondir à feu moyen, en remuant souvent, pendant environ 10 min.

2 Rincez les poissons sous l'eau courante, essuyez-les avec du papier absorbant, salez et poivrez l'intérieur. Salez et poivrez la farine. Roulez les poissons dedans pour les enrober.

3 Faites chauffer une poêle à revêtement antiadhésif, déposez-y les poissons et laissez-les blondir 2 min de chaque côté à feu moyen. Réduisez ensuite le feu et laissez-les cuire environ 3 min par face.

4 Versez le vinaigre sur les oignons et grattez avec une spatule en bois pour dissoudre les sucs. Ajoutez les raisins secs. Mélangez, couvrez et laissez mijoter à feu doux.

5 Mettez 1 cuill. à soupe d'huile à chauffer dans une poêle, versez la semoule, mélangez pendant 30 s, salez, couvrez juste d'eau, posez un couvercle sur la poêle, laissez bouillir 2 min à feu doux puis éteignez le feu et laissez gonfler 5 min.

6 Incorporez la cannelle et le beurre en petits dés à la semoule, puis mélangez celle-ci avec les oignons. Disposez-la en dôme au centre d'un plat. Rangez les poissons autour. Servez sans attendre.

Filets de maquereau sur lit de poireaux

Préparation : 10 minutes **Cuisson :** 40 minutes

Pour 4 personnes

. 2 gros maquereaux d'environ 500 g chacun en filets
. 4 gros blancs de poireau
. 1 cuill. à café de moutarde forte
. 1 pincée de sucre
. sel

1 Coupez l'extrémité des blancs de poireau et retirez la première feuille. Coupez-les en rondelles de 1 cm, rincez-les, mettez-les dans une casserole, salez, sucrez et ajoutez 3 ou 4 cuill. à soupe d'eau. Couvrez, laissez cuire à feu doux 30 min. Rincez les maquereaux et essuyez-les. Salez le côté chair. Allumez le gril du four.

2 Incorporez la moutarde aux poireaux. Étalez ceux-ci sur un plat supportant la chaleur. Posez les filets de maquereau sur les poireaux, côté peau au-dessus. Glissez le plat sous le gril, très près de la source de chaleur, et laissez griller de 9 à 10 min. Servez sans attendre.

Chinchards aux oignons

Petit plus

- *Vous pouvez ajouter à la semoule quelques pignons de pin ou des amandes effilées dorés à sec.*

Conseil

- *Le chinchard, qu'on appelle aussi robinette, carrée, riton, singe ou soleil, est un poisson bon marché. Si vous n'en trouvez pas, remplacez-le par du maquereau, dont la chair est plus fine et le prix un peu plus élevé.*

Filets de maquereau sur lit de poireaux

Conseils

- *S'il reste des grosses arêtes dans le haut des filets, glissez la pointe d'un couteau dessous et retirez-les une à une.*
- *Pour lever les filets des maquereaux vidés, coupez la tête et la queue, incisez la chair le long de l'arête dorsale en allant de la tête vers la queue avec un couteau à lame souple et pointue, dégagez l'arête dorsale et arrachez-la.*

Truites aux amandes

Pour 4 personnes

- . 4 truites arc-en-ciel d'environ 200 g chacune vidées
- . 70 g d'amandes effilées
- . 2 cuill. à soupe d'huile
- . 50 g de beurre
- . 10 cl de lait
- . 4 cuill. à soupe de farine
- . 2 branches de persil plat
- . 1 citron
- . sel, poivre

Préparation et cuisson : 25 minutes

1 Coupez la nageoire dorsale des truites et retirez les ouïes. Grattez bien l'intérieur pour éliminer tous les caillots de sang. Rincez les truites en les frottant, essuyez-les avec du papier absorbant. Salez et poivrez l'intérieur.

2 Salez et poivrez la farine. Versez le lait dans une assiette creuse. Passez les truites dans le lait, puis dans la farine. Tapotez-les pour faire tomber l'excédent.

3 Faites chauffer l'huile dans une grande poêle à revêtement antiadhésif. Ajoutez 20 g de beurre. Lorsqu'il mousse, déposez les poissons dans la poêle. Laissez-les dorer de 7 à 8 min à feu plutôt doux, puis retournez-les et laissez dorer l'autre face.

4 Pendant cette cuisson, faites blondir les amandes à sec dans une petite poêle. Pressez le citron. Rincez le persil et hachez-le finement.

5 Déposez les truites sur un plat de service. Éliminez le jus contenu dans la poêle.
Essuyez celle-ci avec du papier absorbant. Faites fondre le reste du beurre, salez et poivrez, ajoutez le jus de citron puis le persil et les amandes. Versez cette sauce sur les truites et servez aussitôt.

Rougets grondins sauce vierge

Pour 4 personnes

- . 4 rougets grondins de 250 g chacun vidés et sans la tête
- . 1 tomate
- . 1 citron
- . 1 cuill. à café de basilic haché surgelé
- . 4 cuill. à soupe d'huile d'olive
- . sel, poivre

Préparation : 10 minutes **Marinage :** 30 minutes
Cuisson : 12 à 14 minutes

1 Pelez la tomate, pressez-la pour en extraire les graines et coupez la pulpe en petits dés. Pelez le citron à vif en entamant la chair, prélevez les quartiers sans les membranes blanches et taillez-les en petits dés.

2 Mélangez les dés de tomate et de citron avec l'huile d'olive, salez et poivrez. Laissez reposer 30 min à température ambiante.

3 Rincez les poissons et essuyez-les avec du papier absorbant. Déposez-les dans le compartiment perforé d'un cuit-vapeur, couvrez et laissez cuire de 12 à 14 min.

4 Ajoutez le basilic à la sauce et mélangez délicatement. Retirez la peau des poissons et déposez-les sur un plat. Servez avec la sauce à part.

Truites aux amandes

Petit plus

- *Accompagnez ces truites de timbales de riz panachées (voir p.46) ou de petites pommes de terre cuites à la vapeur.*

Tours de main

- *Entaillez l'extrémité de la queue en forme de V à deux endroits, avec des ciseaux, pour l'empêcher de se recourber pendant la cuisson.*
- *Utilisez une spatule à fentes pour manipuler les poissons pendant la cuisson.*

Rougets grondins sauce vierge

Conseils

- *Pour faciliter la dégustation, levez les filets des poissons cuits et utilisez éventuellement une pince à épiler réservée à cet usage pour retirer les dernières arêtes.*
- *Une fois le citron pelé à vif, dégagez les quartiers de pulpe en glissant la lame fine d'un couteau de chaque côté, le long des membranes blanches. Travaillez au-dessus d'un bol pour recueillir le jus qui s'écoule et ajoutez-le à la sauce.*

Calmars aux tagliatelles

Pour 4 personnes

. 750 g de calmars
. 250 g de tagliatelles
. 1 oignon
. 1 gousse d'ail
. 1 petite boîte de concentré de tomates
. 2 pincées de cannelle
. 1 cuill. à café de curry
. 2 pincées de sucre
. 1 cuill. à soupe d'huile
. sel, poivre

Préparation : 20 minutes **Cuisson :** 45 minutes

1 Videz et nettoyez les calmars. Lavez-les, taillez les corps en petits morceaux, coupez les tentacules en tronçons. Pelez l'oignon et l'ail, hachez-les.

2 Faites chauffer l'huile dans une sauteuse à revêtement antiadhésif, faites blondir l'oignon et l'ail, puis ajoutez les calmars et faites-les revenir 5 min en remuant.

3 Ajoutez 15 cl d'eau, le concentré de tomates, la cannelle, le curry et le sucre. Salez. Poivrez légèrement. Couvrez et laissez cuire à feu doux pendant environ 35 min, jusqu'à ce que les calmars soient tendres.

4 Faites cuire les tagliatelles dans une grande casserole d'eau bouillante salée le temps indiqué sur l'emballage.

5 Égouttez les pâtes, mélangez-les avec les calmars et servez de suite.

Salade de coques aux trois riz

Pour 4 personnes

. 1 kg de coques
. 150 g de trois riz mélangés
. 250 g de champignons de Paris
. 2 tomates
. 1 citron
. 15 cl de lait de coco
. 1/2 cuill. à café de curry
. gros sel
. sel, poivre

Trempage : 2 heures **Préparation :** 10 minutes
Cuisson : 25 minutes

1 Laissez dégorger les coques pendant 2 h dans une grande bassine d'eau fraîche salée.

2 Faites cuire le mélange de riz à vive ébullition pendant 25 min.

3 Ôtez la partie sableuse du pied des champignons, lavez ceux-ci rapidement, essuyez-les et coupez-les en bâtonnets. Arrosez les champignons avec 1 bonne cuill. à soupe de jus de citron, salez-les, couvrez et laissez reposer.

4 Épépinez les tomates et taillez la pulpe en dés.

5 Égouttez et rincez les coques. Mettez-les dans une sauteuse, couvrez et chauffez à feu vif. Lorsque la vapeur commence à s'échapper, mélangez, puis retirez du feu. Sortez les mollusques de leur coquille.

6 Égouttez le riz, laissez-le tiédir, puis mettez-le dans un saladier avec les champignons et les tomates.

7 Ajoutez au lait de coco 2 cuill. à soupe de jus de citron, le curry, du sel et du poivre. Versez dans le saladier et mélangez délicatement. Ajoutez ensuite les coques et mélangez à nouveau.

Calmars aux tagliatelles

Variante

- *Remplacez les 15 cl d'eau par la même quantité de lait de coco.*

Tour de main

- *Pour nettoyer les calmars, coupez les tentacules au ras des yeux et jetez les têtes. Retirez l'os transparent (la plume) qui maintient le corps du calmar, fendez les corps, retirez l'intérieur laiteux et gélatineux, rincez les corps et les tentacules.*

Salade de coques aux trois riz

Variante

- *Remplacez les coques par des moules, des clovisses (ou palourdes), ou faites un mélange de coquillages.*

Tour de main

- *Il est indispensable de faire dégorger les coques pendant 2 heures. Comptez 1 bonne cuill. à soupe de gros sel par litre d'eau.*

Antigaspi

- *Le mélange de trois riz, ordinaire, complet et sauvage (qui apporte une note légèrement croquante), est vendu en paquets de 500 g. Il se conserve dans une boîte fermée hermétiquement.*

Pilaf de foies de volaille

Pour 4 personnes

. 400 g de foies de volaille
. 200 g de riz
. 1 gros oignon
. 1 gousse d'ail
. 1/2 cuill. à café de cumin en poudre
. 2 pincées de piment doux ou de paprika
. 1 cuill. à soupe de vinaigre de vin
. 2 cuill. à soupe d'huile
. sel, poivre

Préparation : 20 minutes **Cuisson :** 25 minutes

1 Épluchez l'oignon et hachez-le finement. Mettez 1 cuill. à soupe d'huile à chauffer dans une sauteuse et faites fondre l'oignon pendant 5 min. Ajoutez le riz, mélangez pendant 1 min, jusqu'à ce que les grains soient nacrés. Arrosez avec 30 cl d'eau salée. Couvrez et laissez cuire pendant 18 min à feu doux.

2 Rincez les foies de volaille et coupez-les en morceaux réguliers. Pelez l'ail et coupez-le en lamelles. Mettez le reste de l'huile et les lamelles d'ail à chauffer dans une poêle à revêtement antiadhésif. Lorsque l'ail est bien blond, retirez-le et jetez-le.

3 Mettez les foies de volaille dans l'huile aillée et faites-les cuire à feu assez vif de 3 à 4 min, en les retournant régulièrement. Poudrez-les de cumin et de piment, salez et poivrez.

4 Beurrez un moule à savarin. Versez le riz dedans, couvrez et laissez reposer quelques minutes.

5 Démoulez la couronne de riz sur un plat de service et déposez les foies de volaille au centre. Versez le vinaigre et 2 cuill. à soupe d'eau dans la poêle, faites bouillir en grattant le fond avec une spatule et arrosez les foies de ce jus.

Blancs de poulet à la crème d'oignons

Pour 4 personnes

. 4 blancs de poulet d'environ 150 g chacun
. 2 sachets de gratinée Minute Soup (Royco) d'environ 20 g chacun
. 20 cl de crème à 5 %
. 1/2 cuill. à café de cumin en poudre
. 1 citron
. 1/2 cuill. à soupe d'huile
. sel, poivre

Marinage : 1 à 2 heures **Préparation et cuisson :** 15 minutes

1 Salez et poivrez les blancs de poulet des deux côtés. Poudrez-les légèrement de cumin. Pressez le citron. Versez la moitié du jus dans une assiette creuse. Déposez dedans les blancs de poulet, arrosez-les avec le reste du jus de citron, couvrez et laissez mariner de 1 à 2 h.

2 Versez le contenu des sachets de gratinée dans un bol. Arrosez avec 15 cl d'eau bouillante et mélangez bien. Couvrez et laissez reposer.

3 Mettez l'huile à chauffer dans une poêle à revêtement antiadhésif. Faites blondir les blancs de poulet des deux côtés à feu moyen, puis laissez-les cuire pendant 5 min sur chaque face, à feu doux.

4 Retirez les blancs de poulet de la poêle. Versez-y la crème, ajoutez le contenu du bol. Portez à ébullition en prenant soin de toujours remuer avec une spatule. Laissez épaissir quelques secondes, puis filtrez la sauce au-dessus des blancs de poulet en appuyant avec une cuillère. Servez sans attendre.

Pilaf de foies de volaille

Variante

- *Remplacez le riz par une couronne de macaronis.*

Petits plus

- *Faites macérer les foies de volaille pendant 1 h avec un peu de cognac et 2 branches de thym effeuillées, puis, après la cuisson, flambez-les avec le cognac de macération.*
- *Égayez le centre de la couronne avec quelques lamelles de poivron grillé ou ajoutez des petits pois au riz.*

Blancs de poulet à la crème d'oignons

Conseils

- *Mettez les blancs de poulet dans un plat chaud et couvrez-les d'une assiette chaude retournée pendant que vous terminez la sauce.*
- *Si la sauce est trop épaisse, ajoutez-y un peu de citron de la marinade.*
- *Parsemez les blancs de poulet de ciboulette hachée.*

Poulet au citron épicé

Pour 4 personnes

- 1 poulet prêt à cuire de 1,4 kg coupé en morceaux
- 2 citrons
- 1 yaourt 1/2
- 2 branches de thym
- 1 poivron rouge
- 1 cuill. à soupe rase de curry
- 30 g de beurre
- sel

Préparation : 15 minutes **Marinage :** 2 heures **Cuisson :** 1 heure

1 Pressez les citrons. Mélangez 5 cuill. à soupe de jus avec le yaourt, le curry et le thym émietté. Salez.

2 Déposez les morceaux de poulet dans un plat à gratin puis nappez-les avec le mélange précédent. Laissez mariner 2 h.

3 Faites chauffer le four à 200 °C (th. 7). Lavez le poivron, retirez le pédoncule, les graines et les filaments blancs, hachez grossièrement la pulpe au couteau.

4 Mettez un peu de beurre sur chaque morceau de poulet. Entourez ceux-ci avec le poivron. Mettez au four et laissez cuire pendant une petite heure. Servez sans attendre.

Pansit

Pour 4 personnes

- 1 sachet de 250 g de nouilles chinoises
- 4 blancs de poulet
- 2 carottes
- 1/4 de chou blanc
- 200 g de haricots verts frais, congelés ou en conserve
- 2 oignons
- 1 cuill. à soupe de monosodium glutamate
- 4 cuill. à soupe de sauce de soja
- 50 g de beurre
- racine de gingembre frais

Préparation : 40 minutes **Cuisson :** 45 minutes

1 Coupez la viande et les légumes en fines lamelles.

2 Faites fondre le beurre dans une sauteuse, ajoutez la viande et les oignons émincés. Mélangez bien pendant quelques minutes.

3 Ajoutez les légumes, en mélangeant bien, dans l'ordre suivant : carottes, chou, haricots verts.

4 Ajoutez enfin un peu de gingembre finement coupé.

5 Laissez cuire, à feu doux, environ 10 min, en mélangeant de temps en temps.

6 Ajoutez environ 50 cl d'eau, le monosodium glutamate et la sauce de soja. Remuez et laissez cuire encore 30 min à feu doux.

7 Cassez les nouilles et ajoutez-les aux légumes, mélangez, couvrez et laissez cuire 5 min environ, toujours à feu doux, jusqu'à ce que les nouilles soient cuites et toute l'eau absorbée.

Poulet au citron épicé

Variante

- *Après 30 min de cuisson, glissez dans le four 4 longues courgettes coupées en deux, salées, badigeonnées d'huile d'olive et parsemées de thym. Laissez-les cuire 25 min, arrosez-les d'un peu de jus de citron et tartinez-les légèrement de purée d'ail en pot. Servez avec un peu de riz créole.*

Astuce

- *Retournez plusieurs fois les morceaux de poulet dans la marinade pour bien les enrober. Couvrez de film alimentaire et mettez au réfrigérateur.*

Pansit

Waterzoï de poulet

Pour 4 personnes

. 1 poulet prêt à cuire de 1,8 kg
. 400 g de carottes
. 1 kg de poireaux
. 1 gros bouquet de persil plat
. 2 tablettes de bouillon instantané de volaille
. 20 g de beurre
. 2 jaunes d'œufs
. 2 cuill. à soupe de crème fraîche épaisse
. sel, poivre

Préparation : 30 minutes **Cuisson :** 50 minutes

1 Coupez le poulet en 8 morceaux. Salez-les et poivrez-les. Pelez les carottes, coupez-les en quatre et recoupez-les en bâtonnets. Ôtez les racines et la première feuille des poireaux. Séparez le blanc du vert. Coupez les blancs en tronçons de 2 cm. Rincez-les. Lavez le vert des poireaux et le persil.

2 Faites fondre le beurre dans une cocotte. Déposez-y les carottes et les blancs de poireau. Mélangez, couvrez et laissez fondre les légumes 10 min à feu doux. Salez.

3 Déposez le poulet sur les légumes. Répartissez dessus les trois quarts des branches de persil et le vert des poireaux. Versez de l'eau bouillante à hauteur. Émiettez dessus les tablettes de bouillon. Couvrez la cocotte et laissez mijoter 40 min.

4 Lorsque la cuisson est achevée, jetez le persil et le vert des poireaux. Déposez le poulet et les légumes dans un plat creux ou dans une soupière. Faites réduire le bouillon de cuisson d'un tiers ou de moitié.

5 Hachez le reste du persil. Délayez les jaunes d'œufs avec la crème. Incorporez-les au bouillon réduit et mélangez 2 min sans laisser bouillir. Versez sur le poulet, parsemez du persil haché et servez.

Hauts de cuisse de poulet à la tomate

Pour 4 personnes

. 4 hauts de cuisse de poulet
. 300 g de tomates
. 3 branches de thym
. 8 grosses gousses d'ail
. 15 cl de lait
. 2 pincées de sucre
. 1 cuill. à soupe d'huile d'olive
. 2 cuill. à soupe de vinaigre de vin
. sel, poivre

Préparation : 30 minutes **Cuisson :** 45 minutes

1 Épluchez l'ail, coupez les gousses en deux et ôtez le germe. Mettez les gousses et le lait dans une petite casserole, portez à ébullition et laissez cuire doucement, pendant environ 20 min, jusqu'à ce qu'il n'y ait plus de liquide.

2 Pendant ce temps, pelez les tomates, ôtez le pédoncule et hachez-les grossièrement. Salez et poivrez les morceaux de poulet. Mettez l'huile à chauffer dans une sauteuse à revêtement antiadhésif. Faites dorer le poulet de tous côtés à feu moyen.

3 Versez le vinaigre dans la sauteuse, laissez évaporer en grattant le fond du récipient avec une spatule. Ajoutez les tomates, le thym et le sucre. Salez et poivrez. Versez 10 cl d'eau chaude. Couvrez et laissez cuire à feu doux pendant 30 min.

4 À la fin de la cuisson, déposez les hauts de cuisse sur un plat chaud. Jetez le thym. Mixez l'ail avec la sauce du poulet et nappez-en la volaille.

Waterzoï de poulet

Variantes

- *Supprimez le persil, ajoutez 100 g de riz à mi-cuisson, ne faites pas réduire le bouillon, remplacez la crème par du jus de citron et parsemez le plat d'aneth haché.*
- *Vous pouvez réaliser ce plat avec du poisson. Pour cela, faites cuire les légumes avec du fumet de poisson (préparation en poudre, puis faites cuire des filets de poisson blanc (merlan, cabillaud, julienne, etc.) taillés en languettes, à petits frémissements.*

Hauts de cuisse de poulet à la tomate

Astuces

- *Ajoutez du paprika ou une bonne pincée de piment à la préparation.*
- *Pour éviter que le lait attache, huilez le fond de la casserole dans laquelle cuiront les gousses d'ail.*

Aumônières au poulet

Pour 4 personnes

. 8 feuilles de brik
. 2 blancs de poulet d'environ 150 g chacun
. 3 cuill. à soupe de velouté de bolets en sachet
. 10 g de beurre
. 1 cuill. à soupe de crème fraîche
. 1 cuill. à soupe de jus de citron
. 1 cuill. à soupe de ciboulette surgelée coupée
. sel

Préparation : 20 minutes **Cuisson :** 25 minutes

1 Faites chauffer le four à 180 °C (th. 6).

2 Délayez le velouté de bolets dans 30 cl d'eau froide. Portez à ébullition en remuant et laissez cuire doucement pendant 3 min. Retirez du feu, ajoutez la crème, le jus de citron et la ciboulette. Laissez tiédir.

3 Salez légèrement les blancs de poulet. Mettez le beurre à fondre dans une poêle et faites cuire les blancs 3 min de chaque côté à feu moyen. Coupez-les ensuite en petits dés et mélangez-les à la sauce précédente.

4 Pliez 4 feuilles de brik en quatre. Coupez-les en arrondi avec des ciseaux, à environ 5 cm du centre. Posez chacun des disques obtenus au centre d'une feuille de brik entière pour renforcer le fond des aumônières.

5 Déposez un quart de la préparation au poulet sur chaque disque. Relevez le bord tout autour, ramenez-le vers le centre et serrez en tordant légèrement. Maintenez les aumônières fermées avec un tour de ficelle à cuisine.

6 Déposez les aumônières sur une plaque à pâtisserie, mettez au four et laissez cuire et dorer de 15 à 20 min. Servez sans attendre.

Couscous algérien

Pour 4 personnes

. 240 g de couscous à grain moyen
. 4 carottes
. 4 navets ronds
. 2 courgettes
. 1 branche de céleri
. 200 g de pois chiches
. 400 g de paleron de bœuf
. 400 g de poulet
. 100 g de beurre
. huile d'olive
. sel, poivre

Préparation : 1 h 30 **Cuisson :** 1 heure

1 Coupez la viande en gros cubes et faites-les dorer à l'huile d'olive dans une poêle antiadhésive. Salez, poivrez.

2 Faites revenir les légumes à part dans un peu d'huile d'olive. Salez, poivrez.

3 mélangez viandes et légumes, mettez-les dans le bas du couscoussier et arrosez-les de 1 litre d'eau bouillante ; laissez cuire 45 min.

4 mettez la graine de couscous dans la partie supérieure du couscoussier et laissez cuire 30 min, puis versez la graine dans un plat creux, roulez-la avec des petits morceaux de beurre et remettez-la au-dessus du couscoussier pour poursuivre la cuisson 30 min.

5 Ajoutez les pois chiches précuits à la fin de la cuisson et laissez encore mijoter 30 min à feu très doux.

Aumônières au poulet

Variantes

- *Le velouté de bolets peut être remplacé par de la crème de légumes printanière ou de la crème d'asperges.*
- *Relevez le velouté avec 1 cuill. de xérès ou de madère.*
- *Utilisez de l'escalope de dinde à la place du blanc de poulet ou encore un reste de rôti de veau.*

Tour de main

- *Ne serrez pas la ficelle, car elle risquerait de couper la feuille de brik ; faites un simple nœud lâche.*

Couscous algérien

Petit plus

- *Parfumez le bouillon en y ajoutant du quatre-épices et du cumin.*

Antigaspi

- *Ce plat se réchauffe très bien et peut donc être consommé sur 2 ou 3 jours, ou même congelé.*

Tour de main

- *Roulez la graine à la main avec de petites noix de beurre.*

Escalopes de dinde à l'ail doux

Pour 4 personnes

. 4 escalopes de dinde
. 20 gousses d'ail
. 1 yaourt bulgare
. 2 cuill. à café de jus de citron
. 1 cuill. à soupe de madère
. quelques feuilles de basilic
. 10 g de beurre
. sel, poivre

Préparation : 10 minutes **Cuisson :** 30 minutes

1 Mettez les gousses d'ail non pelées dans une casserole d'eau, portez à ébullition et laissez frémir pendant 30 min.

2 Faites fondre le beurre dans une poêle à revêtement antiadhésif. Salez et poivrez les escalopes de dinde. Faites-les blondir dans le beurre 3 min de chaque côté, à feu doux.

3 Hachez finement le basilic avec des ciseaux. Égouttez l'ail, écrasez-le et éliminez les peaux. Mélangez le yaourt, le jus de citron, le madère et le basilic à la purée d'ail. Salez et poivrez.

4 Déposez les escalopes sur un plat. Versez 3 cuill. à soupe d'eau dans la poêle et grattez avec une spatule pour dissoudre les sucs. Versez sur les escalopes et servez avec la sauce au yaourt à part.

Brochettes de dinde en pita

Pour 4 personnes

. 4 escalopes de dinde de 125 g chacune
. 4 pitas (petits pains non levés)
. 1 poivron vert
. 2 tomates
. 4 feuilles de salade (romaine ou laitue)
. 50 g de fromage frais aux herbes et à l'ail
. 1 cuill. à soupe d'huile
. sel, poivre

Préparation et cuisson : 20 minutes

1 Lavez les tomates, ôtez le pédoncule, coupez-les en rondelles et retirez les pépins. Salez. Rincez les feuilles de salade et séchez-les sur du papier absorbant.

2 Coupez le blanc de dinde en petits morceaux réguliers. Rincez le poivron, retirez le pédoncule, les graines et les filaments blancs, coupez la pulpe en dés de la même dimension que les morceaux de dinde.

3 Enfilez les morceaux de dinde sur des brochettes, en intercalant le poivron. Huilez les brochettes à l'aide d'un pinceau.

4 Allumez le gril du four. Glissez les brochettes sous le gril et faites-les cuire 3 min de chaque côté.

5 Faites chauffer les pitas dans un grille-pain. Tartinez les feuilles de salade avec le fromage frais. Ouvrez les pitas, déposez à l'intérieur la salade et les rondelles de tomate. Salez et poivrez les brochettes, faites glisser la viande dans les petits pains et servez.

Escalopes de dinde à l'ail doux

Astuce

- *Choisissez de grosses gousses d'ail nouveau, sans germe. Égouttez les gousses cuites dans une petite passoire fine et écrasez-les avec un pilon ou une cuillère, ce qui vous permettra en une seule opération de séparer facilement les peaux et de réduire la pulpe en purée.*

Petit plus

- *Faites sauter 200 g de champignons de Paris émincés dans une sauteuse à revêtement antiadhésif et entourez-en les escalopes.*

Brochettes de dinde en pita

Variante

- *Préparez des brochettes avec 300 g de blanc de poulet et 2 merguez coupés en petits morceaux, que vous déposerez dans de la baguette tartinée de moutarde et garnie de tomate.*

Astuce

- *Pour que la viande ne colle pas, huilez les brochettes en métal avant de les garnir. Serrez bien les ingrédients les uns contre les autres pour qu'ils restent juteux.*

Navarin à l'aigre-douce

Préparation : 25 minutes **Cuisson :** 1 h 40

Pour 4 personnes

. 800 g de collier d'agneau en morceaux
. 300 g de carottes
. 2 oignons
. 150 g d'abricots séchés
. 1 poignée de raisins secs
. 2 poignées de riz semi-complet
. 1 tablette de bouillon de volaille
. 1/2 cuill. à café de curcuma
. 3 pincées de cumin en poudre
. 3 feuilles de laurier
. 2 branches de thym
. 2 cuill. à soupe de vinaigre de vin
. 1 cuill. à soupe d'huile d'olive
. sel, poivre

1 Mettez les abricots et les raisins à tremper dans un bol d'eau tiède. Grattez les carottes et coupez-les en bâtonnets. Pelez les oignons et taillez-les en lamelles. Portez 30 cl d'eau à ébullition, ajoutez la tablette de bouillon.

2 Faites chauffer l'huile dans une sauteuse à fond épais. Faites-y revenir la viande, les oignons et les carottes. Versez le vinaigre et grattez avec une spatule pour dissoudre les sucs. Arrosez avec le bouillon chaud. Ajoutez le curcuma, le cumin, le thym et le laurier. Salez (attention, le bouillon de volaille contient déjà du sel) et poivrez.

3 Réduisez le feu dès l'ébullition, couvrez et laissez frémir pendant 45 min.

4 Égouttez les abricots et les raisins, mettez-les dans la sauteuse. Ajoutez le riz. Couvrez et laissez cuire encore 45 min. Servez très chaud.

Boulettes d'agneau à la grecque

Préparation : 40 minutes **Repos :** 1 heure **Cuisson :** 30 minutes

Pour 4 personnes

. 400 g d'agneau haché
. 1 poignée de riz
. 1 œuf
. 1 oignon moyen
. 1 gousse d'ail
. 3 branches de persil
. 3 feuilles de menthe
. 2 à 3 cuill. à soupe de farine
. 20 g de beurre
. 3 tablettes de bouillon de volaille
. 2 cuill. à soupe de jus de citron
. sel, poivre

1 Faites cuire le riz. Pelez l'oignon et râpez-le finement. Pelez l'ail et passez-le au presse-ail. Hachez le persil et la menthe. Cassez l'œuf et séparez le blanc du jaune.

2 Égouttez le riz. Mélangez-le avec l'agneau, l'oignon, l'ail, le persil, la menthe, le blanc d'œuf, du sel et un peu de poivre. Laissez reposer 1 h au réfrigérateur.

3 Séparez la préparation en 16 parts et roulez-les entre vos paumes pour former des boulettes. Passez-les dans la farine.

4 Faites fondre le beurre dans une sauteuse. Versez 1 litre d'eau et portez à ébullition. Ajoutez les tablettes de bouillon et mélangez. Plongez les boulettes dans le liquide, réduisez le feu et laissez cuire 20 min à petits frémissements.

5 Égouttez les boulettes et tenez-les au chaud. Faites réduire le liquide de cuisson à feu vif, jusqu'à ce qu'il en reste environ 20 cl. Délayez le jaune d'œuf avec le jus de citron. Ajoutez ce mélange dans la sauteuse hors du feu. Nappez-en les boulettes et servez aussitôt.

Navarin à l'aigre-douce

Conseil

- *Ajoutez un peu de piment en poudre si vous appréciez les saveurs relevées.*

Boulettes d'agneau à la grecque

Variante

- *Vous pouvez aplatir légèrement les boulettes et les faire cuire à la poêle dans un peu d'huile.*

Petits plus

- *Si vous souhaitez une sauce un peu plus épaisse, ajoutez 1 cuill. à soupe de Maïzena dans le liquide bouillant avant d'y incorporer le jaune d'œuf et le jus de citron.*
- *Garnissez le plat d'une petite branche de persil ou de menthe.*

Tour de main

- *Retournez les boulettes une ou deux fois pendant la cuisson avec une écumoire.*

Rognons d'agneau poêlés

Pour 4 personnes

. 6 rognons d'agneau
. 1 cuill. à soupe de vinaigre de vin
. 1 cuill. à soupe de moutarde
. 10 cl de crème à 5 %
. 1 branche d'estragon (éventuellement de l'estragon surgelé)
. 10 g de beurre
. sel, poivre

Préparation et cuisson : 15 minutes

1 Retirez la pellicule transparente qui recouvre les rognons. Coupez ceux-ci en deux et éliminez les parties blanches qui se trouvent au centre. Rincez l'estragon, effeuillez-le et hachez grossièrement les feuilles.

2 Mettez le beurre à fondre dans une poêle à revêtement antiadhésif. Posez les demi-rognons dans la poêle, face coupée contre le fond. Faites-les cuire à feu assez vif pendant 2 min, puis retournez-les et laissez-les cuire encore 2 min. Retirez-les avec une spatule. Salez et poivrez.

3 Versez le vinaigre dans la poêle et grattez avec une spatule en bois pour dissoudre les sucs. Laissez évaporer presque totalement.

4 Ajoutez la moutarde et la crème, portez juste à ébullition en remuant. Incorporez l'estragon. Remettez les rognons dans la poêle, laissez-les réchauffer quelques secondes, puis servez sans attendre.

Jarret de porc grillé

Pour 4 personnes

. 1 jarret de porc frais
. 1 oignon
. 2 clous de girofle
. 3 gousses d'ail
. 1 bouquet garni
. 3 à 4 cuill. à soupe de moutarde forte
. 2 cuill. à soupe de cassonade
. 5 grains de poivre
. 1 poignée de gros sel

Préparation : 15 minutes **Cuisson :** 1 heure

1 Épluchez l'oignon et piquez-y les clous de girofle. Pelez l'ail et écrasez les gousses.

2 Faites bouillir de l'eau dans un autocuiseur, ajoutez l'oignon, l'ail, le bouquet garni, le gros sel et les grains de poivre. Plongez le jarret dans le liquide, fermez le récipient et laissez cuire 40 min à petit feu à partir du chuintement de la soupape.

3 Égouttez le jarret. Entaillez la couenne à intervalles réguliers avec un couteau pointu pour éviter qu'elle n'éclate. Mélangez la moutarde avec la cassonade et enduisez-en le jarret.

4 Posez le jarret sur une grille, au-dessus d'un plat à rôtir, et glissez-le sous le gril. Laissez-le dorer quelques minutes puis tournez-le régulièrement, jusqu'à ce qu'il soit grillé de tous côtés.

Rognons d'agneau poêlés

Variante

- *Ne faites cuire que 4 rognons et ajoutez 1 chipolata grillée par personne.*

Conseils

- *Interrompez la cuisson dès que le sang perle : un rognon trop cuit devient caoutchouteux.*
- *Pour que les rognons restent bien plats pendant la cuisson, transpercez-les avec 2 pique-olives croisés.*
- *Servez avec une purée de pommes de terre maison, ou avec des champignons sautés.*

Jarret de porc grillé

Conseil

- *Servez ce jarret avec une purée de pommes de terre ou de haricots blancs.*

Petit plus

- *Piquez une dizaine de clous de girofle régulièrement tout autour du jarret après l'avoir badigeonné de moutarde et de cassonade.*

Antigaspi

- *Dégraissez et filtrez le jus de cuisson, ajoutez-y un peu de lard maigre, 1/4 de chou frisé haché et 1 pomme de terre en petits dés pour réaliser une soupe traditionnelle. Servez avec des tranches de pain grillées et parsemées de cantal râpé.*

Palette à la choucroute

Pour 6 personnes

. 1 palette de porc demi-sel non désossée
. 600 g de choucroute crue
. 2 pommes
. 6 pommes de terre d'environ 100 g chacune
. 3 gousses d'ail
. 1 oignon
. 2 clous de girofle
. 6 baies de genièvre
. 2 branches de thym
. 1 feuille de laurier
. 5 grains de poivre

Trempage : 12 heures **Préparation :** 15 minutes
Cuisson : 2 heures

1 Plongez la palette dans une bassine d'eau froide et laissez-la dessaler environ 12 h selon les conseils du charcutier.

2 Rincez la choucroute à l'eau froide. Évidez puis épluchez les pommes et coupez-les en dés. Mettez la choucroute dans le compartiment perforé d'un cuit-vapeur aves les dés de pomme et les baies de genièvre. Couvrez et laissez cuire pendant 2 h à petit feu.

3 Pelez les gousses d'ail et écrasez-les. Épluchez l'oignon et piquez-y les clous de girofle. Égouttez la palette, mettez-la dans un faitout avec l'ail, l'oignon, le thym, le laurier et le poivre. Couvrez largement d'eau froide. Portez à ébullition, couvrez et laissez frémir doucement pendant 2 h.

4 Épluchez les pommes de terre et lavez-les. Ajoutez-les à la choucroute après 1 h 30 de cuisson.

5 Coupez la palette en tranches, déposez celles-ci sur la choucroute, entourez des pommes de terre et servez chaud.

Échine de porc en sanglier

Pour 5 personnes

. 1 kg d'échine avec os
. 3 gousses d'ail
. 50 cl de vin rouge corsé
. 1 oignon
. 10 baies de genièvre
. 2 clous de girofle
. 1 branche de thym
. 1 feuille de laurier
. 1 tranche de pain d'épice
. 2 cuill. à soupe de crème à 5 % de mat. grasses
. 1 cuill. à soupe d'huile
. 1/2 cuill. à café de poivre mignonnette
. 1 cuill. à café de gros sel

Préparation : 15 minutes **Marinage :** 3 jours **Cuisson :** 2 heures

1 Pelez l'ail, coupez les gousses en éclats et piquez-en la viande à intervalles réguliers. Déposez la viande dans une terrine, parsemez-la de gros sel, ajoutez le vin, le genièvre légèrement écrasé, les clous de girofle, le thym, le laurier, le poivre mignonnette et l'huile. Couvrez et laissez mariner pendant 3 jours au réfrigérateur.

2 Égouttez la viande, essuyez-la avec du papier absorbant. Filtrez la marinade.

3 Mettez une sauteuse à revêtement antiadhésif à chauffer. Faites dorer la viande à feu moyen. Posez-la côté os au fond du récipient. Ajoutez 4 cuill. à soupe de marinade. Couvrez et laissez cuire à feu très doux pendant 2 h.

4 Épluchez l'oignon et hachez-le finement. Ajoutez-le autour du rôti après 1 h de cuisson. Remettez un peu de marinade s'il n'y a plus de liquide.

5 Faites réduire le reste de la marinade de moitié, ajoutez le pain d'épice en morceaux puis la crème. Laissez chauffer 2 min, mixez. Ajoutez le jus de cuisson de la viande et mixez à nouveau. Vérifiez l'assaisonnement.

Palette à la choucroute

Variante

- *Remplacez la choucroute par des haricots blancs réduits en purée (supprimez alors les pommes de terre) ou du chou frisé cuit en compote.*

Tours de main

- *Rincez longuement la choucroute à l'eau froide, puis pressez-la entre vos mains avant de la mettre dans le cuit-vapeur.*
- *Si vous n'avez pas le temps de faire dessaler la viande, plongez-la 5 min dans de l'eau bouillante avant d'effectuer la cuisson.*

Échine de porc en sanglier

Astuces

- *Si vous n'avez pas de poivre mignonnette, concassez des grains de poivre avec un rouleau à pâtisserie, entre 2 feuilles de film alimentaire.*
- *Si la viande n'est pas recouverte par le vin, retournez-la une ou deux fois par jour avec des cuillères en bois. N'y mettez pas les mains, cela ferait tourner la marinade.*

Conseil

- *Accompagnez ce plat d'une purée de céleri, de chou-rave, de marrons ou de pommes.*

Jambonneau au madère

Trempage : 12 à 24 heures **Préparation :** 10 minutes
Cuisson : 1 h 30

Pour 4 personnes

- 1 jambonneau demi-sel
- 1 carotte
- 1 oignon
- 2 clous de girofle
- le vert de 2 poireaux
- 3 branches de persil
- 1 feuille de laurier
- 2 cuill. à soupe de vinaigre de vin
- 1 cuill. à café de fécule
- 3 cuill. à soupe de madère
- 2 cuill. à soupe de crème semi-épaisse à 5 %
- 1 grosse cuill. à soupe de moutarde forte de Dijon
- 1 branche d'estragon
- quelques grains de poivre
- sel

1 Faites dessaler le jambonneau dans de l'eau froide. Renouvelez plusieurs fois l'eau de trempage et rincez le récipient à chaque fois.

2 Pelez l'oignon et piquez-y les clous de girofle. Rincez le vert de poireau et le persil. Grattez la carotte. Mettez ces ingrédients dans un faitout avec le laurier, le vinaigre, le poivre et le jambonneau. Couvrez d'eau froide, portez doucement à ébullition et laissez cuire environ 1 h 30 selon la taille du jambonneau.

3 Lorsque la viande est tendre, prélevez 30 cl du jus de cuisson et faites-le réduire de moitié.

4 Égouttez le jambonneau, coupez la viande en tranches et déposez-les sur un plat chaud.

5 Hachez les feuilles d'estragon. Délayez la fécule avec le madère. Versez dans le jus réduit et faites bouillir 2 min en remuant. Incorporez la crème, laissez bouillir encore 2 min, puis incorporez la moutarde et l'estragon. Vérifiez l'assaisonnement. Nappez la viande d'un peu de sauce et présentez le reste dans une saucière.

Foie de porc aux petits raisins

Préparation et cuisson : 15 minutes

Pour 4 personnes

- 500 g de foie de porc en tranches
- 3 cuill. à soupe de concentré de tomates
- 2 gousses d'ail
- 1 feuille de laurier
- 1 cuill. à café de bouillon de légumes en poudre
- 2 cuill. à soupe de raisins secs blonds
- 2 cuill. à soupe de farine
- 1 cuill. à soupe d'huile
- 3 cuill. à soupe de vinaigre de vin

1 Coupez le foie en lanières et farinez-les soigneusement. Mettez le concentré de tomates dans une petite casserole. Pelez l'ail et passez les gousses au presse-ail au-dessus de la casserole. Ajoutez 20 cl d'eau, le laurier, le bouillon de légumes. Laissez frémir pendant 5 min.

2 Rincez les raisins secs. Ajoutez-les à la sauce et laissez mijoter à feu doux.

3 Pendant ce temps, faites chauffer l'huile dans une poêle à revêtement antiadhésif. Saisissez-y le foie à feu assez vif. Versez le vinaigre et grattez le fond de la poêle avec une spatule pour dissoudre les sucs.

4 Versez la sauce sur le foie, mélangez et servez sans attendre.

Jambonneau au madère

Conseil

- *Servez avec des haricots rouges cuits pendant 1 h 30 – ou en boîte.*

Tours de main

- *Pour que la moutarde soit parfaitement incorporée, fouettez la sauce avec un petit fouet à main ou émulsionnez-la au mixeur plongeant.*
- *Filtrez le jus de cuisson à travers une passoire fine avant de le faire réduire.*

Foie de porc aux petits raisins

Variante

- *Vous pouvez préparer la même recette avec du foie d'agneau.*

Conseils

- *Faites rissoler 100 g de petits lardons maigres et ajoutez-les en fin de cuisson.*
- *Pour que le foie ne soit pas trop enrobé de farine, secouez les lanières farinées dans une passoire parfaitement sèche.*
- *Très fragile, le foie doit être acheté le jour même et placé au réfrigérateur dès le retour du marché, jusqu'au moment de la cuisson.*

Moussaka aux courgettes

Pour 6 personnes

. 1 kg de courgettes
. 1 verre à moutarde de riz
. 4 steaks hachés à 5%
. 1/2 pot de coulis de tomates
. 3 œufs
. 4 yaourts nature
. sel, poivre

Préparation : 15 minutes **Cuisson :** 30 minutes

1 Préchauffez le four à 180 °C (th. 6). Coupez les courgettes en dés.

2 Émiettez les steaks dans un plat à four et faites-les cuire 10 min avec un peu d'eau.

3 Ajoutez les courgettes, le riz et 40 cl d'eau, mélangez et faites cuire au four pendant 20 min.

4 Sortez le plat du four et versez le coulis de tomates. Salez, poivrez, mélangez bien. Réservez quelques minutes au chaud.

5 Mélangez à la fourchette les œufs et les yaourts, puis versez cette préparation sur le plat.

6 Remettez-le à cuire pendant environ 10 min, afin d'obtenir une surface bien dorée.

Tourte aux épinards

Pour 4 personnes

. 500 g d'épinards en conserve ou surgelés
. 250 g de mozzarella
. 1/2 brique de crème fraîche à 15 %
. 1 pâte brisée
. sel, poivre

Préparation : 10 minutes **Cuisson :** 25 minutes

1 Étalez la pâte dans un moule et piquez-la à la fourchette ; faites préchauffer le four à 180 °C (th. 6).

2 Faites « sécher » les épinards dans une poêle antiadhésive.

3 Divisez tous les ingrédients en deux portions, et mettez une première couche d'épinards, une couche de crème, une couche de mozzarella sur la pâte. Salez, poivrez.

4 Répétez l'étape 3 avec la seconde portion des ingrédients.

5 Enfournez et laisser cuire (25 min environ), jusqu'à ce que la tarte soit bien dorée.

Moussaka aux courgettes

Tourte aux épinards

Petit plus

- *Ajoutez un peu de gruyère sur la tarte avant de la passer au four.*

Courgettes en faux soufflé

Pour 4 personnes

- . 375 g de courgettes
- . 3 œufs
- . 50 g de fromage frais à l'ail et aux fines herbes
- . 45 g de beurre
- . 60 g de farine
- . 37 cl de lait
- . 1 pincée de sucre
- . 2 cuill. à soupe de chapelure
- . 1 cuill. à soupe d'huile
- . 2 pincées de noix muscade
- . beurre pour le moule
- . sel, poivre

Préparation : 15 minutes **Cuisson :** 1 heure

1 Pelez les courgettes et ôtez-en les extrémités. Passez-les sur une grosse râpe.

2 Mettez l'huile à chauffer dans une poêle à revêtement antiadhésif. Faites fondre les courgettes à feu vif pendant environ 10 min, en remuant souvent. Salez et ajoutez le sucre.

3 Faites chauffer le four à 180 °C (th. 6). Beurrez un petit moule à soufflé.

4 Faites fondre le beurre dans une casserole. Ajoutez la farine, mélangez pendant 30 s avec une cuillère en bois. Versez peu à peu le lait, en remuant sans cesse. Portez à ébullition sans cesser de remuer. Salez, poivrez, ajoutez la noix muscade. Incorporez le fromage. Laissez tiédir.

5 Ajoutez les œufs à la préparation. Incorporez le tout aux courgettes. Versez dans le moule. Saupoudrez de chapelure. Mettez au four et laissez cuire de 40 à 45 min. Servez chaud dans le plat de cuisson.

Chou nouveau à la crème d'épices

Pour 4 personnes

- . 1 chou vert nouveau
- . 20 cl de lait de coco
- . 50 g de raisins secs
- . 1/2 cuill. à café de cumin en poudre
- . 1,5 cuill. à café de curry
- . 30 g de beurre
- . sel, poivre

Préparation : 10 minutes **Cuisson :** 30 minutes

1 Ôtez le trognon et les côtes dures du chou. Coupez-le en lanières, lavez-le et égouttez-le.

2 Faites fondre le beurre dans une sauteuse. Ajoutez le chou et mélangez pour l'enrober de beurre. Salez, poivrez légèrement. Poudrez de cumin et de curry. Versez le lait de coco. Mélangez, couvrez et laissez cuire à feu doux pendant 20 min.

3 Rincez les raisins secs, ajoutez-les au chou et laissez cuire encore 5 min.

Courgettes en faux soufflé

Variante

• *Remplacez le fromage aux herbes par de la tomme de brebis râpée et ajoutez un peu de basilic ou de menthe hachés.*

Conseil

• *N'ouvrez pas le four pendant la première demi-heure de cuisson et servez dès la sortie du four.*

Chou nouveau à la crème d'épices

Tour de main

• *Vous pouvez utiliser du lait de coco en boîte ou en bouteille – dans ce cas, secouez bien le récipient avant de l'ouvrir pour mélanger la crème qui s'est déposée au fond.*

Antigaspi

• *Conservez le reste du lait de coco dans un récipient hermétique, au réfrigérateur, et utilisez-le dans la semaine.*

Variante

• *Vous pouvez réaliser la même recette avec du chou vert frisé. Dans ce cas, faites-le précuire 10 min à l'eau bouillante salée.*

Fondue de chou frisé

Pour 4 personnes

. 1/2 chou vert frisé
. 1 carotte
. 1 pomme
. 20 g de beurre
. sel, poivre

Préparation : 10 minutes **Cuisson :** 40 minutes

1 Faites bouillir une casserole d'eau. Retirez le trognon du chou. Coupez les feuilles en fines lanières. Plongez-les dans l'eau bouillante, salez et laissez cuire pendant 15 min.

2 Pelez la carotte et coupez-la en dés. Ajoutez-la au chou et laissez cuire encore 15 min.

3 Épluchez la pomme, coupez-la en lamelles puis en dés.

4 Égouttez le chou et la carotte. Mettez-les dans une casserole avec la pomme. Couvrez et laissez compoter à feu doux 10 min, en remuant de temps en temps. Poivrez. Ajoutez le beurre et servez avec un rôti ou des côtes de porc, ou encore avec des saucisses.

Allumettes de céleri à la tomate

Pour 4 personnes

. 1 boule de céleri-rave
. 600 g de tomates
. 2 oignons
. 2 gousses d'ail
. 2 pincées d'herbes de Provence
. 1 cuill. à soupe d'huile d'olive
. 1/2 cuill. à café de sucre
. sel, poivre

Préparation : 25 minutes **Cuisson :** 65 minutes

1 Pelez les oignons et coupez-les en lamelles. Pelez les tomates et hachez-les grossièrement au couteau. Pelez l'ail et hachez-le.

2 Versez l'huile d'olive dans une casserole. Faites fondre les oignons pendant 5 min. Ajoutez les tomates, l'ail, les herbes de Provence et le sucre. Salez et poivrez. Couvrez et laissez cuire 30 min à feu doux.

3 Pelez le céleri, coupez-le en tranches et recoupez celles-ci en allumettes de 5 mm d'épaisseur. Ajoutez le céleri dans la sauce à la tomate. Laissez reprendre l'ébullition, couvrez et faites cuire pendant 30 min à feu doux.

Fondue de chou frisé

Conseil

- *Ajoutez quelques pruneaux en même temps que la pomme.*

Tour de main

- *Coupez le demi-chou en deux, posez chaque moitié sur une planche à découper et recoupez-les en tranches fines, qui se déferont en lamelles.*

Allumettes de céleri à la tomate

Variante

- *Laissez cuire les allumettes de céleri pendant 15 min dans de l'eau bouillante salée. Égouttez-les. Faites-les dorer avec 30 g de beurre et 3 cuill. à soupe de raisins secs pendant 5 min, en remuant régulièrement.*

Petit plus

- *Servez ce céleri avec du veau, du porc ou de la volaille pochée.*

Salsifis à la normande

Pour 4 personnes

. 700 g de salsifis
. 3 échalotes
. 25 cl de cidre
. 1 cuill. à soupe de farine
. 2 cuill. à soupe de crème fraîche
. 1 cuill. à café de moutarde forte
. quelques brins de ciboulette
. 1 cuill. à soupe de jus de citron
. 2 cuill. à soupe de vinaigre d'alcool
. 20 g de beurre
. sel

Préparation : 15 minutes **Trempage :** 15 minutes
Cuisson : 30 minutes

1 Pelez les salsifis, ôtez la partie feuillue et l'extrémité pointue, lavez-les, coupez-les en tronçons biseautés de 5 cm, mettez-les au fur et à mesure dans de l'eau additionnée du vinaigre d'alcool. Laissez-les tremper 15 min.

2 Faites bouillir une casserole d'eau, salez, ajoutez le jus de citron. Égouttez les salsifis, plongez-les dans l'eau bouillante et laissez-les cuire 15 min.

3 Pelez les échalotes et hachez-les finement. Mettez le beurre à fondre dans une casserole. Ajoutez les échalotes et faites-les revenir 3 min, sans les laisser dorer. Poudrez de farine, mélangez, arrosez avec le cidre, portez à ébullition en remuant, incorporez la crème et la moutarde.

4 Égouttez les salsifis, mettez-les dans la sauce et laissez mijoter 2 min. Hachez la ciboulette et parsemez-en les légumes.

Petits flans de légumes verts

Pour 4 personnes

. 300 g de haricots mangetout
. 150 g de blancs de poireau
. 200 g de courgettes
. 1 gousse d'ail
. 2 pincées d'épices tandoori
. 1 œuf
. 1 cuill. à soupe de crème épaisse
. beurre
. sel, poivre

Préparation : 15 minutes **Cuisson :** 40 minutes

1 Coupez les blancs de poireau en fines lamelles, lavez-les, faites-les cuire à couvert avec 2 cuill. à soupe d'eau pendant 20 min.

2 Pelez les courgettes, coupez-les en petits dés, ajoutez-les aux poireaux 10 min avant la fin de la cuisson. Égouttez le tout.

3 Équeutez les haricots mangetout, lavez-les, plongez-les dans une casserole d'eau bouillante salée et laissez-les cuire pendant 10 min.

4 Faites chauffer le four à 200 °C (th. 7). Beurrez 4 ramequins d'environ 10 cl de contenance.

5 Égouttez les haricots et passez-les au robot. Pelez l'ail, écrasez-le au presse-ail au-dessus du robot. Ajoutez les poireaux et les courgettes. Faites à nouveau fonctionner l'appareil. Salez et poivrez. Incorporez les épices tandoori, l'œuf et la crème.

6 Répartissez la préparation entre les 4 ramequins. Enfournez pendant 20 min.

7 Passez la lame d'un couteau tout autour des ramequins pour démouler les flans et servez-les chauds.

Salsifis à la normande

Variante

- *Égouttez les salsifis, faites-les revenir dans une sauteuse avec de l'huile d'olive, ajoutez 2 gousses d'ail hachées, laissez cuire 5 min puis parsemez de persil plat haché.*

Conseils

- *Au moment de servir, parsemez le plat de cerneaux de noix hachés grossièrement.*
- *Vous pouvez utiliser des salsifis surgelés.*

Petits flans de légumes verts

Variantes

- *Remplacez les haricots mangetout par des petits pois en boîte.*
- *Si vous n'avez pas d'épices tandoori, employez du curry.*

Fondue de poireaux

Pour 4 personnes

. 1,2 kg de poireaux
. 1 tablette de bouillon de volaille
. 1/2 cuill. à café de curcuma
. 2 cuill. à soupe de crème semi-épaisse à 5 % de mat. grasses
. sel

Préparation : 10 minutes **Cuisson :** 25 minutes

1 Coupez les racines des poireaux et retirez la première feuille. Supprimez la partie dure des feuilles vertes. Coupez les poireaux en deux dans la longueur et recoupez-les en tronçons de 2 cm. Mettez-les dans une passoire et lavez-les.

2 Faites bouillir 10 cl d'eau dans une casserole. Ajoutez les poireaux. Émiettez la tablette de bouillon dessus, ajoutez le curcuma, salez légèrement. Portez à ébullition, couvrez et laissez cuire pendant 25 min à feu doux, jusqu'à ce qu'il n'y ait plus de liquide.

3 Ajoutez la crème et laissez chauffer encore quelques secondes.

Courge spaghetti au lait de coco

Pour 6 personnes

. 1 petite courge spaghetti
. 20 cl de lait de coco
. 3 branches d'aneth
. 1 pincée de curry
. sel

Préparation : 5 minutes **Cuisson :** 45 minutes

1 Préchauffez le four à 200 °C (th. 7).

2 Lavez la courge spaghetti. Posez-la dans un plat allant au four et laissez-la cuire pendant 45 min.

3 Rincez les branches d'aneth et hachez-les finement.

4 Lorsque la courge est cuite, sortez-la du four et coupez-la en deux horizontalement. Grattez la chair avec une fourchette et mettez les spaghettis obtenus dans un plat de service.

5 Faites chauffer le lait de coco. Ajoutez le curry, salez et mélangez. Incorporez l'aneth. Versez sur les spaghettis et servez.

Fondue de poireaux

Variantes

- *Supprimez la tablette de bouillon, poudrez les poireaux de 2 pincées de sucre et faites-les cuire avec 10 cl de lait de coco.*
- *Lorsque les poireaux sont cuits, ajoutez 3 œufs, 10 cl de lait et 10 cl de crème. Versez sur un fond de pâte brisée, parsemez de gruyère râpé et faites cuire au four pendant 30 min.*

Courge spaghetti au lait de coco

Variante

- *Supprimez le curry et remplacez la moitié de l'aneth par de la ciboulette ciselée.*

Conseils

- *Si la courge n'est pas trop grosse, faites-la cuire dans une grande marmite d'eau bouillante.*
- *Si vous ne disposez que de crème de coco solide, faites-en fondre environ 20 g dans 20 cl d'eau.*

Ratatouille à la citrouille

Pour 4 personnes

. 1 poivron vert
. 4 tomates moyennes
. 1 courgette
. 500 g de potiron
. 1 oignon
. 2 gousses d'ail
. 1 cuill. à soupe de bouillon de légumes en poudre
. piment en poudre
. 1 cuill. à soupe d'huile d'olive
. sel, poivre

Préparation : 15 minutes **Cuisson :** 35 minutes

1 Rincez le poivron, retirez le pédoncule, les graines et les filaments blancs. Coupez la pulpe en dés. Ôtez les graines et les filaments du potiron, retirez la peau et coupez la chair en dés. Rincez la courgette, ôtez les extrémités et taillez-la en dés. Lavez les tomates, retirez le pédoncule, coupez-les en rondelles. Pelez l'oignon et hachez-le. Pelez l'ail et écrasez les gousses.

2 Mettez l'huile à chauffer dans une sauteuse à revêtement antiadhésif. Faites blondir l'oignon. Ajoutez le poivron, le potiron, la courgette, les tomates et l'ail.

3 Poudrez avec le bouillon, salez, poivrez, pimentez légèrement. Couvrez la sauteuse et laissez cuire à feu doux pendant 30 min, en remuant de temps en temps.

Purée de patidou

Pour 4 personnes

. 1 patidou d'environ 500 g (variété de courge appelée aussi sweet dumpling)
. 1 cuill. à soupe d'huile d'olive
. sel, poivre

Préparation : 10 minutes **Cuisson :** 50 minutes

1 Préchauffez le four à 200 °C (th. 7). Passez le patidou sous l'eau. Coupez-le en deux, de haut en bas. Ôtez les graines avec une cuillère à pamplemousse.

2 Déposez les deux moitiés de patidou dans un plat à four. Salez et poivrez l'intérieur. Badigeonnez d'huile d'olive. Couvrez d'aluminium ménager et mettez à cuire au four pendant 50 min.

3 Lorsque le patidou est tendre, sortez-le du four. Prélevez la chair avec une cuillère à soupe. Écrasez-la grossièrement à la fourchette. Servez chaud. Notez que la peau du patidou s'attendrit considérablement à la cuisson et que certains aiment la consommer avec la chair.

Ratatouille à la citrouille

Tours de main

- *Pelez finement la courgette (avec un rasoir à légumes) si vous craignez que la peau ne soit un peu amère.*
- *Pour la couper en dés, taillez-la d'abord en quatre, de haut en bas, puis recoupez les morceaux en tronçons de 2 cm.*

Purée de patidou

Petits plus

- *Ajoutez de la crème, du beurre ou du parmesan râpé à la purée. Agrémentez-la de pignons de pin.*
- *Servez cette purée avec une viande grillée, une volaille ou du boudin blanc également accompagné de pommes-fruits sautées.*

Tours de main

- *Vérifiez la cuisson en enfonçant la pointe d'un couteau dans la chair du légume : elle ne doit pas rencontrer de résistance.*
- *Pour ne pas vous brûler en prélevant la chair, protégez la main qui tient le patidou avec un gant. Ou bien laissez tiédir le patidou dans le four, il se pèlera plus facilement. Faites ensuite réchauffer la purée au four à micro-ondes.*

Potiron au miel et aux raisins secs

Pour 4 personnes

- 1 kg de potiron
- 2 oignons
- 2 gousses d'ail
- 1 cuill. à soupe de raisins secs
- 2 cuill. à café de miel
- 2 cuill. à café de ras-el-hanout (épices à couscous)
- 1 tablette de bouillon de viande ou de volaille
- sel, poivre

Préparation : 10 minutes **Cuisson :** 30 minutes

1 Retirez la peau, les graines et les filaments du potiron. Coupez la pulpe en morceaux réguliers. Épluchez les oignons et hachez-les. Pelez l'ail et écrasez-le.

2 Mettez le potiron, les oignons et l'ail dans une casserole. Émiettez dessus la tablette de bouillon. Salez. Ajoutez 10 cl d'eau. Couvrez et laissez cuire 15 min. Pendant ce temps, rincez soigneusement les raisins secs.

3 Après 15 min de cuisson, poudrez le potiron avec le ras-el-hanout. Ajoutez les raisins secs et le miel. Poivrez. Mélangez. Couvrez.

4 Laissez cuire encore de 10 à 15 min à feu doux, jusqu'à ce que le potiron soit tendre. Servez chaud dans un joli légumier.

Châtaignes aux carottes

Pour 4 personnes

- 300 g de châtaignes
- 3 carottes
- 2 branches de thym
- 1/2 cuill. à café de graines de fenouil
- 1 cuill. à soupe d'huile
- sel, poivre

Préparation : 30 minutes **Cuisson :** 30 minutes

1 À l'aide d'un couteau pointu, faites une incision circulaire autour des châtaignes.

2 Faites bouillir une casserole d'eau, jetez-y les châtaignes et laissez-les bouillir pendant 10 min.

3 Retirez les châtaignes de l'eau avec une écumoire et ôtez les deux peaux.

4 Pelez les carottes et coupez-les en rondelles.

5 Mettez l'huile à chauffer dans une casserole. Ajoutez les châtaignes et les carottes. Faites-les blondir pendant 5 min en remuant. Arrosez avec 10 cl d'eau. Ajoutez le thym et les graines de fenouil. Laissez cuire environ 30 min à découvert. Salez et poivrez 10 min avant la fin de la cuisson.

Potiron au miel et aux raisins secs

Conseil

- *Ajoutez un peu de beurre frais et incorporez éventuellement quelques amandes entières au moment de servir.*

Tours de main

- *Vérifiez au cours de la cuisson que le potiron n'attache pas. Si cela se produisait, rajoutez un peu d'eau chaude.*
- *S'il y a trop de liquide, ôtez le couvercle et laissez évaporer pendant quelques minutes.*

Châtaignes aux carottes

Conseil

- *Ajoutez quelques petits lardons fumés ou des petits oignons grelots cuits à blanc.*

Tours de main

- *Ajoutez 1 cuill. à soupe d'huile dans l'eau des châtaignes pour assouplir l'écorce et faciliter l'épluchage.*
- *Secouez la casserole plusieurs fois au cours de la cuisson.*
- *Ne sortez que quelques châtaignes à la fois : elles s'épluchent beaucoup plus facilement lorsqu'elles sont très chaudes. Effectuez éventuellement cette opération avec des gants.*

Pommes de terre en moussaka

Pour 6 personnes

. 1 kg de pommes de terre
. 500 g d'oignons
. 15 cl de vin blanc
. 1 cuill. à café de sucre
. 3 boîtes de double concentré de tomates de 70 g chacune
. 10 olives noires
. 1/2 bouquet de persil plat
. 6 cuill. à soupe d'huile d'olive
. 2 cuill. à soupe de chapelure
. 2 pincées de noix muscade
. sel, poivre

Préparation : 30 minutes **Cuisson :** 1 heure environ

1 Brossez les pommes de terre sous l'eau courante et faites-les cuire 8 min à la vapeur dans un autocuiseur.

2 Pendant ce temps, rincez le persil et hachez-le. Épluchez les oignons et hachez-les finement. Faites chauffer 3 cuill. à soupe d'huile dans une sauteuse. Faites-y blondir les oignons en remuant de temps en temps.

3 Ajoutez le vin puis le contenu de 2 boîtes de concentré de tomates et la même quantité d'eau, le sucre et la noix muscade. Salez et poivrez légèrement. Mettez de côté 1 cuillerée à soupe de persil haché et ajoutez le reste aux oignons. Mélangez et laissez cuire à feu doux sans couvrir pendant 15 min, en remuant de temps à autre, jusqu'à ce que la sauce épaississe.

4 Épluchez les pommes de terre et coupez-les en rondelles de 5 mm d'épaisseur. Dénoyautez les olives et hachez-les grossièrement.

5 Faites chauffer le four à 200 °C (th. 7). Huilez un plat à gratin. Étalez une couche de pommes de terre, salez et poivrez, couvrez de sauce à la tomate et aux oignons, parsemez d'olives et continuez ainsi en terminant par la sauce et en assaisonnant chaque couche de pommes de terre.

6 Versez dans la sauteuse la dernière boîte de concentré de tomates, la même quantité d'eau, le reste de l'huile et du persil. Mélangez à feu très doux en grattant bien le fond de la sauteuse. Répartissez cette sauce sur le plat, parsemez de chapelure, et laissez cuire 30 min au four. Servez chaud.

Potée aux haricots rouges

Pour 4 personnes

. 1/2 boîte de haricots rouges (poids net égoutté : 280 g)
. 2 blancs de poireau
. 2 carottes
. 1/2 petit chou vert
. 30 g de lard fumé maigre
. sel

Préparation : 10 minutes **Cuisson :** 25 minutes

1 Retirez les racines et la première feuille des blancs de poireau. Lavez-les et coupez-les en tronçons de 2 cm. Pelez les carottes et taillez-les en petits dés.

2 Ôtez le trognon et les côtes dures du chou. Coupez-le en lanières et rincez-les. Coupez le lard en petits bâtonnets puis recoupez-les en deux.

3 Mettez le lard dans une casserole à revêtement antiadhésif. Ajoutez les poireaux, les carottes et le chou. Versez quelques cuillerées à soupe d'eau. Salez légèrement. Couvrez et faites cuire à feu doux.

4 Après 20 min de cuisson, ajoutez le contenu de la boîte de haricots dans la casserole. Laissez chauffer doucement pendant 5 min.

Pommes de terre en moussaka

Antigaspi

• Enfermez les restes de ce plat dans des disques de pâte brisée ou feuilletée et faites cuire ces rissoles au four ou dans de l'huile chaude.

Tours de main

• Passez les oignons au robot pour les hacher plus finement et rapidement.

• Inutile ici d'utiliser un dénoyauteur : retirez la chair tout autour des olives avec un petit couteau et hachez-la grossièrement sur une planche à découper.

Potée aux haricots rouges

Variante

• Remplacez le chou par des tomates en boîte, ajoutez une petite boîte de maïs, parfumez avec du cumin et de la coriandre en poudre et relevez le tout de 1 pincée de piment.

Conseil

• Rincez les lanières de chou dans de l'eau froide légèrement vinaigrée pour faire sortir les petits insectes. Plongez-les ensuite 5 min dans de l'eau bouillante salée pour les rendre plus digestes.

Lentilles au curry

Pour 6 personnes

. 200 g de lentilles
. 1 poivron rouge
. 1 oignon
. 2 gousses d'ail
. 1 cuill. à café de curry
. 10 cl de lait de coco
. 1 cuill. à soupe d'huile
. 20 g de beurre
. sel

Préparation : 15 minutes **Cuisson :** 1 heure

1 Retirez le pédoncule, les graines et les filaments blancs du poivron. Taillez la pulpe en petits carrés. Épluchez l'oignon et l'ail, hachez-les finement.

2 Mettez l'huile à chauffer dans une casserole, ajoutez le beurre et faites blondir l'oignon et l'ail. Faites également revenir le poivron. Poudrez de curry et mélangez.

3 Ajoutez les lentilles et environ 70 cl d'eau froide. Portez à ébullition, couvrez et laissez cuire 40 min. Salez. Incorporez le lait de coco, laissez mijoter encore de 5 à 10 min.

Paillasson de légumes

Pour 4 personnes

. 600 g de pommes de terre
. 150 g de courgettes
. 1 poivron rouge ou vert
. 2 branches d'aneth
. 1 cuill. à soupe d'huile
. sel, poivre

Préparation : 20 minutes **Cuisson :** 50 minutes

1 Allumez le gril du four. Rincez le poivron, glissez-le le plus près possible de la rampe, laissez-le griller environ 20 min, en le tournant régulièrement, jusqu'à ce que la peau se boursoufle et noircisse.

2 Pelez le poivron, retirez le pédoncule, les graines et les filaments blancs. Coupez la pulpe en petits dés.

3 Épluchez les pommes de terre. Passez-les sur une râpe à gros trous au-dessus d'un torchon propre. Fermez le torchon et pressez-le pour exprimer le maximum d'eau.

4 Épluchez les courgettes et râpez-les grossièrement. Rincez l'aneth et hachez-le.

5 Mélangez le poivron, les courgettes et l'aneth aux pommes de terre. Salez et poivrez.

6 Mettez l'huile à chauffer dans une grande poêle à revêtement antiadhésif. Déposez le mélange de légumes, tassez-le régulièrement avec une écumoire. Laissez cuire une dizaine de minutes à feu plutôt doux. Lorsque la première face est dorée, retournez le paillasson et laissez cuire encore 20 min.

Lentilles au curry

Variante

- *Faites revenir les lentilles en même temps que l'oignon et l'ail. Poudrez de curry, ajoutez 1 bouquet garni, 1 ou 2 tomates en dés, mélangez puis versez l'eau froide.*

Conseils

- *Si votre eau est très calcaire, utilisez de préférence de l'eau minérale non gazeuse pour la cuisson de tous les légumes secs.*
- *Ne salez qu'en fin de cuisson pour que la peau des légumes ne durcisse pas.*
- *Parsemez les lentilles d'un peu de coriandre fraîche hachée.*

Paillasson de légumes

Variantes

- *Vous pouvez séparer la préparation en quatre pour faire cuire 4 petits paillassons.*
- *Mélangez simplement les pommes de terre râpées avec 4 œufs et 1 gousse d'ail. Faites cuire le paillasson de la même manière.*

Petit plus

- *Ajoutez à la préparation 1 gousse d'ail et 1 oignon râpés fins.*

Tours de main

- *Ne lavez pas les pommes de terre, ce qui retirerait l'amidon.*
- *Aérez les pommes de terre râpées avec une fourchette après les avoir pressées dans le torchon.*

Purée aux trois légumes

Pour 4 personnes

- 600 g de courge sucrine
- 250 g de carottes
- 150 g de céleri-rave
- 3 gousses d'ail
- 40 g de fromage frais demi-sel
- sel

Préparation : 15 minutes **Cuisson :** 30 minutes

1 Retirez les pépins, les filaments et la peau de la courge, taillez la chair en gros cubes. Grattez les carottes et coupez-les en grosses rondelles. Pelez le céleri et coupez-le en morceaux. Pelez l'ail et coupez les gousses en deux.

2 Mettez les carottes et le céleri dans une casserole avec 10 cl d'eau. Salez. Portez à ébullition, couvrez, laissez cuire 5 min puis ajoutez la courge et l'ail. Remettez le couvercle et laissez cuire pendant 25 minutes à feu doux.

3 Égouttez les légumes, passez-les au robot pour les réduire en purée, ajoutez le fromage frais et faites à nouveau fonctionner l'appareil. Servez cette purée avec un rôti de veau ou de porc.

Quiche aux légumes

Pour 4 personnes

- 125 g de farine
- 70 g de beurre
- 200 g de carottes
- 1 petite tête de brocoli
- 3 œufs
- 10 cl de lait
- 20 cl de crème semi-épaisse à 5 % de mat. grasses
- 3 cuill. à soupe de gruyère râpé
- sel, poivre

Préparation : 30 minutes **Repos de la pâte :** 30 minutes
Cuisson : 50 minutes

1 Travaillez rapidement la farine avec 60 g de beurre coupé en dés, 1 pincée de sel et 1 cuill. à soupe d'eau. Roulez la pâte en boule et laissez-la reposer 30 min au réfrigérateur.

2 Pelez les carottes et taillez-les en petits dés. Faites-les cuire 10 min dans le compartiment perforé d'un cuit-vapeur. Séparez le brocoli en très petits bouquets, rincez-les, ajoutez-les aux carottes et laissez cuire encore 5 min.

3 Faites chauffer le four à 225 °C (th. 8). Beurrez un moule à tarte de 22 cm de diamètre.

4 Cassez les œufs dans une jatte. Ajoutez le lait, la crème et le gruyère. Salez et poivrez. Égouttez les carottes et les bouquets de brocoli.

5 Étalez finement la pâte sur le plan de travail, garnissez-en le moule. Piquez le fond à la fourchette. Recouvrez la pâte avec les légumes. Versez le contenu de la jatte, mettez au four, abaissez la température à 200 °C (th. 7) et laissez cuire pendant 30 min.

Purée aux trois légumes

Variante

- *Réalisez une simple purée en faisant cuire 1 kg de potiron avec 2 oignons en lamelles et 1 tablette de bouillon de volaille.*

Astuces

- *Réduisez les légumes en purée sans les mélanger pour les présenter comme sur la photo.*
- *La courge sucrine est un peu plus sucrée et possède une chair un peu plus dense que celle du gros potiron, mais celui-ci peut aussi convenir.*

Quiche aux légumes

Variante

- *Vous pouvez varier les légumes à votre guise : champignons, petits pois, courgettes, poivrons...*

Tour de main

- *Veillez à ce que les légumes ne soient pas totalement cuits avant de les mettre sur le fond de tarte.*

Antigaspi

- *Vous pouvez réaliser cette quiche avec des restes de légumes. Dans ce cas, faites précuire le fond de tarte à blanc pendant 10 min avant de le garnir.*

Desserts

Entremets à la ricotta 108
Riz à l'impératrice 108
Pâte de yaourt aux fruits rouges 109
Coupes de fruits au sabayon 110
Pommes au four à la normande 110
Couronne de pommes aux kiwis 111
Crumble pommes-poires 112
Coupes ardéchoises 112
Zéphyr du verger 113
Tarte aux poires au chocolat 114
Gâteau vapeur au chocolat, coulis d'orange 114
Tarte à l'orange 116
Biscuit roulé de grand-maman 116
Gâteau aux amandes 118
Gratin de reines-claudes 118
Chaud-froid d'abricots au caramel 119
Coupe pralinées à la rhubarbe 120
Feuilletés aux kiwis 120
Mousse à l'orange 122
Crème brûlée au pain d'épice 122
Glace aux épices douces 124
Charlotte glacée 124

Entremets à la ricotta

Pour 4 personnes

. 18 biscuits à la cuillère
. 200 g de ricotta
. 150 g de sucre en poudre
. 3 cuill. à soupe de kirsch
. 1/2 cuill. à café d'extrait de vanille
. 6 cuill. à soupe de confiture de cerises
. 1 cuill. à soupe de cacao en poudre

Préparation : 20 minutes **Réfrigération :** 2 heures minimum

1 Travaillez la ricotta au fouet avec 70 g de sucre et la vanille.

2 Faites chauffer 5 cuill. à soupe d'eau avec 80 g de sucre. Retirez du feu et ajoutez le kirsch. Versez dans une assiette creuse et laissez refroidir.

3 Tapissez un moule rectangulaire de film alimentaire en le laissant largement déborder pour pouvoir en recouvrir le dessert avant de le mettre au réfrigérateur.

4 Trempez rapidement 6 biscuits à la cuillère dans le sirop au kirsch et rangez-les côte à côte dans le moule, côté sucré contre le fond. Étalez dessus la moitié de la ricotta puis la moitié de la confiture de cerises. Recouvrez avec 6 biscuits trempés dans le sirop, le reste de ricotta puis le reste de confiture.

5 Terminez avec le reste des biscuits trempés au fur et à mesure dans le sirop. Arrosez-les avec le reste du sirop. Rabattez le film et posez dessus une soucoupe surmontées d'un poids léger. Laissez au moins 2 h au réfrigérateur.

6 Au moment de servir, démoulez l'entremets sur un plat et poudrez-le de cacao.

Riz à l'impératrice

Pour 4 personnes

. 125 g de riz rond
. 50 cl de lait
. 80 g de fruits confits mélangés
. 2 cuill. à soupe de marmelade d'abricots
. 3 feuilles de gélatine
. 75 g de sucre
. 25 cl de crème liquide à 25 % de mat. grasses
. 1 sachet de sucre vanillé
. sel

Préparation : 20 minutes **Cuisson :** 30 minutes
Réfrigération : 4 heures

1 Faites bouillir une casserole d'eau. Mettez le riz dans une passoire et rincez-le. Versez-le dans l'eau bouillante, laissez-le 3 min puis égouttez-le.

2 Faites bouillir le lait avec 1 pincée de sel. Plongez le riz dans le lait bouillant et laissez-le cuire à petits frémissements pendant 20 min.

3 Faites tremper la gélatine dans un bol d'eau froide. Lorsque le riz est cuit, incorporez le sucre. Égouttez la gélatine avec vos doigts, ajoutez-la au riz et mélangez soigneusement. Laissez refroidir.

4 Coupez les fruits confits en dés. Passez la marmelade à la moulinette. Fouettez la crème, préalablement refroidie au congélateur pendant 15 min, jusqu'à ce qu'elle soit ferme et ait doublé de volume. Incorporez-y le sucre vanillé.

5 Lorsque le riz est bien froid, ajoutez les fruits confits et la marmelade et mélangez. Incorporez délicatement la crème fouettée. Versez la préparation dans un moule cannelé. Lissez la surface et mettez au réfrigérateur pendant 4 h minimum.

6 Pour servir, démoulez votre riz à l'impératrice sur un plat.

Pâte de yaourt aux fruits rouges

Pour 4 personnes

. 6 yaourts nature
. 300 g de fruits rouges au choix
. 250 g de framboises
. 4 cuill. à soupe de sucre glace
. 1 cuill. à soupe de Grand Marnier

Préparation : 20 minutes **Égouttage :** 12 heures

1 Tapissez de gaze une passoire fine et posez-la au-dessus d'une jatte. Versez-y les yaourts, couvrez de film alimentaire et mettez à égoutter au réfrigérateur pendant 12 h.

2 Passez les framboises au robot puis au tamis pour éliminer les pépins. Ajoutez le sucre glace et le Grand Marnier. Réservez au frais.

3 Moulez la pâte de yaourt dans 4 petits récipients et laissez reposer 10 min.

4 Nettoyez les fruits rouges. Démoulez la pâte de yaourt sur des assiettes à dessert, disposez les fruits rouges tout autour et nappez de coulis de framboises au Grand Marnier.

Pâte de yaourt aux fruits rouges

Conseils

- *Ajoutez un peu de crème fraîche sur la pâte de yaourt avant de mettre les fruits rouges.*
- *Pour donner une jolie forme à la pâte de yaourt, utilisez des moules à darioles ou des verres à porto. Tassez bien en tapant les récipients contre le plan de travail.*

Antigaspi

- *Cette pâte de yaourt se conserve 2 semaines au réfrigérateur. Vous pouvez mouler le reste en forme de boules, les rouler dans de la ciboulette hachée et en garnir une salade.*

Coupes de fruits au sabayon

Pour 4 personnes

. 2 œufs + 1 jaune
. 50 g de sucre
. 10 cl de muscat de Rivesaltes ou de Frontignan
. 2 feuilles de gélatine
. 10 cl de crème fraîche liquide
. 150 g de fraises
. 100 g de framboises

Préparation et cuisson : 30 minutes **Réfrigération :** 3 heures

1 Mettez la gélatine à tremper dans de l'eau froide et faites chauffer de l'eau dans une casserole.

2 Cassez 1 œuf dans un grand saladier. Cassez le deuxième œuf en séparant le blanc du jaune, mettez le blanc dans un bol et versez le jaune dans le saladier ainsi que le dernier jaune et le sucre. Fouettez pour obtenir un mélange mousseux.

3 Placez le saladier au-dessus de la casserole d'eau frémissante et battez au fouet électrique tout en versant peu à peu le muscat. Continuez à fouetter pendant environ 10 min, jusqu'à ce que le mélange ait au moins triplé de volume et soit tiède sous le doigt.

4 Égouttez la gélatine, mettez-la dans une petite casserole avec 3 cuill. à soupe d'eau et faites chauffer doucement jusqu'à ce qu'elle soit fondue. Versez-la dans la préparation aux œufs tout en continuant à fouetter.

5 Posez le saladier dans de l'eau froide et continuez à fouetter pendant environ 5 min, jusqu'à ce que le mélange soit froid.

6 Fouettez la crème fraîche jusqu'à ce qu'elle soit mousseuse et ait doublé de volume puis incorporez-la à la mousse. Battez ensuite le blanc d'œuf en neige ferme et ajoutez-le délicatement à la préparation. Répartissez ce sabayon dans 4 coupes à dessert.

7 Lavez rapidement les fraises, épongez-les, équeutez-les et coupez-les en dés. Répartissez fraises et framboises dans le sabayon, sans mélanger. Entreposez les coupes au réfrigérateur pendant 3 h minimum. Servez très frais.

Pommes au four à la normande

Pour 4 personnes

. 4 belles pommes qui ne fondent pas à la cuisson (granny-smith ou golden)
. 4 cuill. à café de miel
. 10 cl de cidre
. 20 g de beurre
. 1/2 citron

Préparation : 10 minutes **Cuisson :** 40 minutes

1 Préchauffez le four à 170 °C (th. 5-6). Beurrez légèrement un plat à gratin.

2 Évidez les pommes puis pelez-les. Frottez-les avec le demi-citron et posez-les dans le plat beurré. Répartissez le miel et le reste du beurre à l'intérieur des fruits.

3 Versez le cidre dans le plat. Enfournez et laissez cuire pendant environ 40 min, jusqu'à ce que les fruits soient tendres. Arrosez les pommes deux ou trois fois au cours de la cuisson avec le jus contenu dans le plat. Laissez reposer de 5 à 10 min avant de servir.

Couronne de pommes aux kiwis

1 EURO

Pour 4 personnes

. 1,2 kg de pommes
. 2 kiwis
. 100 g de sucre
. 1 feuille 1/2 de gélatine
. 1/2 cuill. à café d'extrait de vanille
. huile d'arachide

Préparation et cuisson : 20 minutes
Réfrigération : 4 heures maximum

1 Pelez les pommes avec un couteau économe. Coupez-les en quatre, retirez le cœur et les pépins puis recoupez chaque quartier en 3 lamelles.

2 Mettez les lamelles de pomme dans une sauteuse avec le sucre. Couvrez et laissez cuire 15 min à feu doux.

3 Faites tremper la gélatine dans un bol d'eau froide.

4 Retirez le couvercle de la sauteuse et laissez cuire les pommes à découvert encore 5 min.

5 Égouttez la gélatine avec les doigts, ajoutez-la aux pommes hors du feu et mélangez délicatement pour ne pas écraser les fruits. Parfumez avec l'extrait de vanille.

6 Épluchez les kiwis et coupez-les en petits dés. Huilez un petit moule en couronne et déposez la moitié des pommes dedans. Éparpillez dessus les dés de kiwi. Recouvrez avec le reste des pommes. Laissez reposer de 3 à 4 h au réfrigérateur.

7 Démoulez dans un plat de service et servez bien frais.

Couronne de pommes aux kiwis

Variante

• *Coupez les pommes en rondelles de 5 mm d'épaisseur. Faites-les cuire dans un sirop préparé avec 200 g de sucre et 10 cl d'eau jusqu'à ce qu'elles soient transparentes. Ajoutez 1 cuill. à soupe de fécule délayée avec le jus de 1 citron et mélangez délicatement pendant 1 min. Tassez les pommes dans un moule en couronne graissé. Laissez plusieurs heures au réfrigérateur. Servez avec une crème anglaise.*

Crumble pommes-poires

Pour 4 personnes

. 6 pommes de saison ou 600 g de compote de pommes
. 1 poire
. 6 sablés
. 25 g de beurre

Préparation : 35 minutes **Cuisson :** 25 minutes

1 Faites ramollir le beurre. Épluchez les fruits, épépinez et coupez-les en quatre puis mettez-les dans une casserole avec 20 cl d'eau. Laissez-les cuire 20 min doucement et à couvert, en surveillant que cela n'attache pas (rajoutez éventuellement de l'eau).

2 Écrasez les pommes et la poire cuites à la fourchette, et versez cette compote dans un moule à gratin. Préchauffez le four à 180 °C (th. 6).

3 Réduisez les sablés en miette à la main et incorporez le beurre en pommade pour obtenir un mélange sableux.

4 Répartissez ce mélange sur la compote et mettez au four 25 min.

Petit plus

- *Accompagnez ce délicieux dessert de confiture de fruits rouges.*

Coupes ardéchoises

Pour 4 personnes

. 250 g de crème de marrons
. 10 cl de crème liquide
. 4 poires
. 100 g de sucre
. 1 gousse de vanille
. 30 g de beurre
2 cuill. à soupe de lait concentré non sucré
. 1 cuill. à soupe de jus de citron

Préparation : 15 minutes **Cuisson :** 35 minutes

1 Évidez les poires par la base en laissant la queue puis pelez-les et plongez-les dans une jatte d'eau additionnée du jus de citron.

2 Fendez la gousse de vanille en deux. Mettez-la dans une casserole avec le sucre et 50 cl d'eau. Laissez fondre à feu doux puis portez à ébullition. Égouttez les poires, plongez-les dans le sirop et laissez-les cuire de 20 à 25 min selon leur grosseur.

3 Lorsque les poires sont tendres, égouttez-les et laissez-les refroidir. Réservez le sirop de cuisson.

4 Fouettez la crème jusqu'à ce qu'elle soit ferme et incorporez-la à la crème de marrons.

5 Mélangez le lait concentré avec 25 cl du sirop de cuisson des poires et portez à ébullition. Hors du feu, incorporez le beurre par petits morceaux, en remuant la casserole, puis mixez.

6 Répartissez la crème de marrons dans 4 coupes individuelles. Posez 1 poire dessus. Présentez la sauce à part.

Zéphyr du verger

Préparation : 15 minutes **Cuisson :** 10 à 15 minutes
Réfrigération : 6 heures

Pour 4 personnes

. 2 pommes de 225 g chacune
. 2 petites poires de 125 g chacune
. 3 feuilles de gélatine
. 10 cl de lait concentré non sucré très froid
. 1/2 cuill. à café de cannelle
. 2 cuill. à soupe de sucre
. 1 cuill. à soupe de jus de citron
. 1 cuill. à soupe de calvados ou d'alcool de poire

1 Faites tremper la gélatine dans un bol d'eau froide.

2 Épluchez les fruits. Coupez-les en quartiers, recoupez les quartiers de pomme en quatre et les quartiers de poire en deux. Mettez-les dans une casserole, ajoutez le sucre et arrosez-les de jus de citron. Couvrez et laissez-les cuire à feu doux de 10 à 15 min, jusqu'à ce qu'ils soient tendres.

3 Égouttez la gélatine avec les doigts et ajoutez-la aux fruits chauds puis mélangez jusqu'à ce qu'elle soit fondue. Laissez refroidir.

4 Mixez les fruits. Ajoutez la cannelle et l'alcool.

5 Versez le lait concentré dans un saladier et fouettez-le au batteur électrique jusqu'à ce qu'il ait la consistance d'une crème Chantilly.

6 Versez doucement la purée de fruits sur le lait fouetté et mélangez délicatement avec une cuillère à soupe. Passez un moule à décor de 75 cl de contenance sous l'eau froide et ne l'essuyez pas, déposez la mousse dedans, lissez la surface et laissez prendre pendant environ 6 h au réfrigérateur.

7 Au moment de servir, trempez le moule 10 s dans de l'eau chaude et retournez-le sur un plat.

Zéphyr du verger

Variante

- *Remplacez les poires par 3 tranches d'ananas en boîte.*

Tour de main

- *Mettez le lait concentré au réfrigérateur au moins 2 h ou au congélateur 30 min avant de le fouetter. À défaut de lait concentré, prenez de la crème liquide, mais le dessert sera plus riche en matières grasses (30 % au lieu de 7 %).*

Tarte aux poires au chocolat

Pour 6 personnes

. 3 poires de 200 g chacune
. 225 g de pâte feuilletée
. 5 biscuits à la cuillère
. 3 cuill. à soupe de jus de citron
. 80 g de sucre en poudre
. 125 g de chocolat noir
. 10 cl de crème épaisse

Préparation : 15 minutes **Macération des poires :** 1 heure
Cuisson : 35 minutes

1 Pelez les poires, coupez-les en quatre et retirez le cœur. Coupez les quartiers en lamelles assez épaisses. Arrosez-les de jus de citron, poudrez-les de sucre et laissez-les macérer pendant 1 h.

2 Faites chauffer le four à 200 °C (th. 7). Étalez la pâte feuilletée et garnissez-en un moule à tarte de 24 cm de diamètre. Émiettez les biscuits à la cuillère sur le fond de tarte.

3 Égouttez les poires et rangez-les sur le fond de tarte en les faisant légèrement chevaucher. Enfournez et faites cuire pendant 30 min. Laissez refroidir.

4 Portez la crème à ébullition. Cassez le chocolat en morceaux. Versez la crème bouillante dessus et mélangez jusqu'à ce que le chocolat soit fondu. Versez sur les poires et laissez prendre la crème au chocolat.

Gâteau vapeur au chocolat, coulis d'orange

Pour 4 ou 5 personnes

. 100 g de chocolat à pâtisser
. 100 g de beurre
. 140 g de sucre en poudre
. 3 cuill. à café de cacao en poudre
. 2 œufs
. 2 cuill. à café de fécule
. 40 g de poudre d'amandes
. 1 cuill. à café de cannelle
. 2 pincées de girofle
. 2 ou 3 oranges à jus
. beurre pour le moule
. 2 cuill. à soupe de Cointreau

Préparation : 10 minutes **Cuisson :** 2 heures

1 Cassez le chocolat en morceaux dans une jatte et placez celle-ci dans le compartiment perforé d'un cuit-vapeur. Laissez fondre le chocolat sans couvrir le récipient.

2 Ajoutez le beurre coupé en dés et mélangez. Incorporez 100 g de sucre puis 2 cuill. à café de cacao. Cassez les œufs dans un bol, battez-les à la fourchette et ajoutez-les. Incorporez la fécule, la poudre d'amandes, la cannelle et la girofle.

3 Beurrez un moule à manqué de 20 cm de diamètre. Couvrez le fond d'un disque de papier sulfurisé beurré pour faciliter le démoulage. Versez la pâte dans le moule. Couvrez d'aluminium ménager. Posez le moule dans le compartiment perforé du cuit-vapeur et mettez le couvercle. Faites cuire pendant 2 h puis laissez le gâteau refroidir dans le moule.

4 Faites fondre 40 g de sucre dans 2 cuill. à soupe d'eau. Portez à ébullition et laissez cuire jusqu'à obtention d'un caramel blond pâle. Pressez les oranges. Versez 20 cl de jus ainsi que le Cointreau dans le caramel. Mélangez, laissez refroidir, puis mettez au réfrigérateur.

5 Pour servir, démoulez le gâteau bien froid et poudrez-le du reste de cacao. Servez le coulis à part.

Tarte aux poires au chocolat

Gâteau vapeur au chocolat, coulis d'orange

Conseils

- *Incorporez des petits dés d'écorce d'orange confite à la pâte.*
- *Si vous utilisez du chocolat amer, supprimez le cacao en poudre dans la pâte.*

Tarte à l'orange

Pour 6 personnes

. 350 g de pâte brisée
. 6 oranges
. 150 g de sucre
. 25 g de beurre
. 1 œuf

Préparation : 30 minutes **Cuisson :** 25 minutes

1 Étalez la pâte dans un moule d'environ 25 cm de diamètre. Piquez le fond à la fourchette.

2 Râper le zeste de 1 orange et pressez-la.

3 Mélangez à la fourchette l'œuf, 125 g de sucre, le zeste et le jus d'orange.

4 Pelez à vif les 5 autres oranges, puis coupez-les en rondelles le plus fines possible. Préchauffez le four à 200 °C (th. 7).

5 Versez le mélange sur le fond de tarte et disposez les rondelles d'orange dessus, en les faisant se chevaucher joliment.

6 Faites fondre le beurre, versez-le sur la tarte et saupoudrez du sucre restant.

7 Mettez au four 25 min environ.

8 Laissez tiédir avant de démouler, et servez froid.

Biscuit roulé de grand-maman

Pour 8 personnes

Pour le biscuit :
. 3 œufs
. 150 g de sucre
. 30 g de farine
. 50 g de fécule de pomme de terre
. beurre
. sel

Pour la garniture :
. 2 œufs
. 125 g de sucre
. 50 g de beurre
. 2 ou 3 citrons
. 15 cl de crème liquide
. 80 g de chocolat noir

Préparation : 30 minutes **Cuisson :** 40 minutes

1 Préparez la garniture : râpez finement le zeste de 1 citron. Pressez les fruits. Cassez les œufs dans une jatte supportant la chaleur. Versez le sucre, fouettez, ajoutez le beurre en morceaux, le zeste et 5 cuill. à soupe de jus de citron. Posez la jatte dans un bain-marie non bouillant et fouettez 15 min. Laissez refroidir, puis mettez au réfrigérateur. Préchauffez le four à 140 °C (th. 4). Beurrez une plaque à biscuit de 40 x 25 cm.

2 Préparez le biscuit : cassez les œufs en séparant les blancs des jaunes. Mettez les jaunes dans un saladier avec 100 g de sucre et fouettez-les jusqu'à ce que le mélange blanchisse. Incorporez délicatement la farine puis la fécule.

3 Montez les blancs en neige ferme avec 1 pincée de sel Incorporez peu à peu le reste du sucre, toujours en fouettant. Incorporez les blancs à la pâte, versez celle-ci sur la plaque et lissez-la. Enfournez et laissez cuire pendant 25 min. À la sortie du four, retournez le biscuit sur un torchon trempé dans de l'eau et bien essoré. Laissez la plaque sur le biscuit.

4 Portez la crème liquide à ébullition. Cassez le chocolat en morceaux, versez dessus la crème bouillante et mélangez bien. Tartinez le biscuit de crème au citron puis roulez-le en vous aidant du torchon. Nappez de chocolat fondu et gardez au frais jusqu'au moment de servir, mais pas au réfrigérateur.

Tarte à l'orange

Biscuit roulé de grand-maman

Variante

- *Garnissez le biscuit de confiture, de mousse aux marrons ou d'une crème au beurre.*

Gâteau aux amandes

Pour 4 personnes

- 3 œufs
- 125 g de sucre
- 125 g de poudre d'amandes
- 1 cuill. à soupe de cognac
- beurre
- sel

Préparation : 15 minutes **Cuisson :** 45 minutes

1 Faites préalablement chauffer le four à 160 °C (th. 5). Beurrez un moule à manqué de 16 à 18 cm de diamètre. Couvrez le fond d'un disque de papier sulfurisé et beurrez-le également.

2 Cassez les œufs en séparant les blancs des jaunes. Mettez les jaunes dans un saladier avec le sucre et mélangez jusqu'à ce que la préparation blanchisse et devienne mousseuse. Incorporez alors la poudre d'amandes puis le cognac.

3 Ajoutez 1 pincée de sel aux blancs d'œufs et battez-les en neige bien ferme. Incorporez d'abord le tiers des blancs à la pâte en remuant vigoureusement pour l'assouplir, puis ajoutez délicatement le reste.

4 Versez la pâte dans le moule. Égalisez avec le dos d'une cuillère, enfournez et laissez cuire 45 min. Démoulez sur une grille.

Gratin de reines-claudes

Pour 4 personnes

- 40 reines-claudes
- 200 g de galettes ou de sablés bretons
- cannelle en poudre
- noix muscade
- 1 grosse cuill. à soupe de crème épaisse

Préparation : 10 minutes **Cuisson :** 20 minutes

1 Faites chauffer le four à 210 °C (th. 7).

2 Lavez les reines-claudes, essuyez-les, coupez-les en deux et dénoyautez-les.

3 Déposez les prunes dans 4 plats à gratin individuels, partie creuse au-dessus.

4 Passez les biscuits à la moulinette ou au robot pour les réduire en miettes grossières mais pas en poudre. Ajoutez-y 1/3 de cuill. à café de cannelle et 2 pincées de noix muscade. Incorporez ensuite la crème et mélangez soigneusement.

5 Déposez la préparation sur les fruits. Enfournez et laissez cuire pendant 20 min. Laissez tiédir quelques minutes avant de servir.

Variante

- *Remplacez les reines-claudes par des abricots frais ou surgelés.*

Chaud-froid d'abricots au caramel

Pour 4 personnes

- 16 abricots secs moelleux
- 25 cl de lait frais entier
- 10 cl de crème liquide
- 3 jaunes d'œufs
- 180 g de sucre
- 20 g de beurre
- 2 cuill. à soupe de kirsch

Préparation et cuisson : 30 minutes **Congélation :** 2 heures min.

1 Faites chauffer le lait à feu doux. Fouettez les jaunes d'œufs avec 50 g de sucre jusqu'à ce que le mélange blanchisse et mousse.

2 Mettez 90 g de sucre dans une casserole avec 1 cuill. à soupe d'eau. Laissez fondre et portez à ébullition, puis laissez cuire pour obtenir un caramel très doré. Ajoutez la crème liquide et mélangez jusqu'à ce que le caramel soit dissous.

3 Versez le caramel sur le lait chaud puis arrosez-en les jaunes d'œufs sucrés, en remuant avec une cuillère en bois. Reversez le tout dans la casserole et faites cuire en remuant sans cesse jusqu'à ce que la crème nappe la cuillère, mais sans atteindre l'ébullition.

4 Retirez la casserole du feu et plongez-la dans l'eau froide pour stopper la cuisson. Laissez refroidir puis mettez en sorbetière et laissez prendre.

5 Lorsque la glace est prise, moulez-la dans une boîte en plastique ou dans un moule décor, couvrez et remettez au congélateur.

6 Quelques minutes avant de servir, faites fondre le beurre dans une poêle. Ajoutez les abricots, poudrez-les de 40 g de sucre et laissez-les chauffer pendant 5 min, en les retournant à mi-cuisson. Versez le kirsch et flambez.

7 Démoulez la glace au centre d'un plat, entourez-la des abricots et servez sans attendre.

Chaud-froid d'abricots au caramel

Petit plus

- *Parsemez les abricots d'amandes effilées grillées ou de pistaches nature.*

Variante

- *Remplacez la glace au caramel par de la glace à la vanille ou aux noix.*

Coupes pralinées à la rhubarbe

Pour 4 personnes

- 500 g de jeune rhubarbe
- 250 g de framboises
- 25 cl de glace pralinée
- 10 morceaux de sucre
- 15 cl de muscat de Rivesaltes ou de Frontignan
- 2 cuill. à café de jus de citron

Préparation : 10 minutes **Cuisson :** 20 minutes

1 Coupez la base du pied de la rhubarbe, pelez les tiges et coupez-les en tronçons de 2 cm. Mettez le sucre en morceaux dans une casserole avec 1 cuill. à soupe d'eau. Laissez fondre à feu doux, portez à ébullition puis ajoutez le muscat et le jus de citron.

2 Déposez les tronçons de rhubarbe dans le liquide à ébullition et faites cuire de 10 à 15 min, jusqu'à ce que la rhubarbe soit tendre. Laissez refroidir.

3 Répartissez la rhubarbe et son jus de cuisson dans 4 coupes à dessert. Moulez la glace à l'aide de 2 cuillères à soupe et déposez cette quenelle sur la rhubarbe. Parsemez le tout de framboises.

Feuilletés aux kiwis

Pour 4 personnes

- 300 g de pâte feuilletée
- 6 kiwis
- 3 cuill. à soupe de sucre glace
- 30 cl de crème fleurette
- 2 pincées de vanille

Préparation et cuisson : 20 minutes

1 Faites chauffer le four à 225 °C (th. 8). Humectez une tôle à pâtisserie. Étalez la pâte très finement et coupez-la en 12 rectangles égaux. Déposez-les sur la tôle, posez une grille dessus et faites-les cuire pendant 10 min.

2 Après ces 10 min de cuisson, ôtez la grille. Saupoudrez les rectangles de pâte feuilletée d'un peu de sucre glace et faites-les caraméliser avant de les retirer du four. Laissez tiédir.

3 Pelez les kiwis et coupez-les en lamelles régulières.

4 Fouettez la crème jusqu'à ce qu'elle soit ferme. Incorporez-y le reste du sucre glace et la vanille.

5 Déposez une couche de crème Chantilly sur 4 rectangles de pâte, couvrez de lamelles de kiwi puis d'une fine couche de crème Chantilly et recouvrez-les d'un rectangle de pâte feuilletée puis recommencez (chantilly, kiwis, chantilly, pâte feuilletée). Terminez par une couche de chantilly et piquez quelques lamelles de kiwi dedans. Servez sans attendre.

Coupes pralinées à la rhubarbe

Variante

• Remplacez la glace pralinée par de la glace à la pistache ou au nougat, et les framboises par des lamelles de fraise.

Antigaspi

• Préférez la jeune rhubarbe qui, en début de saison, ne nécessite aucun épluchage et n'a pas de déchets. Sinon, augmentez la quantité d'un tiers.

Feuilletés aux kiwis

Variante

• Préparez la même recette avec des framboises entières ou des fraises coupées en lamelles.

Conseil

• Parfumez la crème Chantilly avec 1 cuill. à soupe de rhum blanc.

Antigaspi

• Pour ne pas avoir de perte, étalez la pâte feuilletée en carré ou en rectangle et coupez-la en douze.

Mousse à l'orange

Pour 4 personnes

. 2 ou 3 oranges à jus
. 1 citron vert
. 3 œufs
. 120 g de sucre en poudre
. 1 cuill. à soupe de fécule
. 1 cuill. à soupe de Cointreau
. sel

Préparation et cuisson : 10 minutes **Refroidissement :** 1 heure

1 Cassez les œufs en séparant les blancs des jaunes. Mettez les jaunes dans une jatte avec 60 g de sucre. Battez au fouet à main jusqu'à ce que le mélange blanchisse et devienne mousseux. Incorporez la fécule. Ajoutez le zeste du citron après l'avoir lavé et essuyé.

2 Pressez les oranges. Versez 25 cl de jus sur les jaunes d'œufs, mélangez. Versez le tout dans une casserole et faites cuire à feu doux, en remuant sans cesse avec une cuillère en bois, jusqu'à ce que le mélange commence à bouillir et à épaissir. Retirez du feu. Ajoutez le Cointreau. Laissez refroidir 1 h.

3 30 min avant de servir, ajoutez 1 pincée de sel aux blancs d'œufs et fouettez-les. Lorsqu'ils sont en neige molle, ajoutez peu à peu le reste du sucre, en continuant à fouetter jusqu'à obtention d'une meringue brillante.

4 Incorporez la meringue à la crème. Répartissez la préparation dans des coupes à dessert. Mettez au réfrigérateur jusqu'au moment de servir.

Crème brûlée au pain d'épice

Pour 4 personnes

. 25 cl de lait entier
. 25 cl de crème fraîche liquide
. 5 jaunes d'œufs
. 100 g de sucre
. 50 g de pain d'épice
. 8 cuill. à soupe de cassonade

Préparation : 10 minutes **Cuisson :** 1 h 30
Réfrigération : 2 heures minimum

1 Coupez le pain d'épice en petits morceaux. Versez le lait et la crème dans une casserole et portez à ébullition. Retirez du feu et ajoutez le pain d'épice. Couvrez et laissez infuser pendant 5 min.

2 Faites chauffer le four à 100 °C (th. 3).

3 Mettez les jaunes d'œufs et le sucre dans une grande jatte. Travaillez au fouet à main jusqu'à ce que le mélange blanchisse et devienne mousseux.

4 Mixez le lait au pain d'épice puis filtrez-le à travers une passoire fine en appuyant avec le dos d'une cuillère au-dessus des œufs sucrés. Mélangez soigneusement au fouet, sans battre.

5 Répartissez la préparation dans 4 petits plats individuels, sur une hauteur de 1,5 cm. Enfournez et faites cuire pendant environ 1 h 30, jusqu'à ce que la préparation soit prise. Laissez refroidir les crèmes à température ambiante et glissez-les au réfrigérateur au moins 2 h.

6 Quelques minutes avant de servir, allumez le gril du four. Poudrez les crèmes de cassonade et glissez-les sous le gril jusqu'à ce que le sucre soit caramélisé. Servez aussitôt.

Mousse à l'orange

Petit plus

- *Garnissez les coupes de zestes confits ou de copeaux de chocolat.*

Tours de main

- *Plongez la casserole dans l'eau froide pour stopper la cuisson et refroidir plus rapidement la crème. Pour éviter la formation d'une peau, posez un disque de papier sulfurisé beurré à la surface de la crème.*
- *Ne laissez pas la crème trop longtemps au réfrigérateur, car la meringue risque de s'affaisser.*

Crème brûlée au pain d'épice

Variante

- *Vous pouvez simplement parfumer le mélange lait et crème avec de la vanille, de la chicorée ou de l'orange.*

Tours de main

- *Attention : la crème ne doit absolument pas bouillir pendant la cuisson.*
- *Les crèmes doivent être très froides lorsque vous les glissez sous le gril pour obtenir le contraste entre le chaud et le froid, le moelleux et le croquant.*

Glace aux épices douces

Pour 5 personnes

. 3 jaunes d'œufs
. 10 cl de lait concentré non sucré très froid
. 10 cl de crème liquide très froide
. 100 g de sucre
. 2 pincées de vanille pure
. 3 pincées de cannelle
. 1/2 cuill. à soupe de cognac

Préparation : 10 minutes **Congélation :** 2 heures

1 Fouettez les jaunes d'œufs et le sucre dans une jatte jusqu'à ce que le mélange blanchisse et mousse. Incorporez la vanille, la cannelle et l'alcool.

2 Battez le lait concentré au fouet électrique jusqu'à ce qu'il soit mousseux et ferme. Battez la crème liquide de la même façon.

3 Incorporez délicatement le lait puis la crème aux œufs sucrés. Versez le tout dans une sorbetière et laissez prendre 2 heures.

Charlotte glacée

Pour 4 personnes

. 12 biscuits à la cuillère
. 1/2 litre de glace à la vanille
. 2 cuill. à soupe de sucre
. 1 cuill. à soupe de café instantané en poudre
. 2 cuill. à soupe de cognac
. 1/2 cuill. à café d'arôme d'orange
. 30 g de vermicelles en chocolat
. 1 cuill. à soupe de cacao en poudre

Préparation et cuisson : 20 minutes **Congélation :** 1 heure

1 Portez à ébullition 10 cl d'eau avec le sucre. Ajoutez le café et mélangez. Versez ce sirop dans une assiette creuse, avec le cognac et l'arôme d'orange. Mélangez et laissez refroidir.

2 Posez un cercle à entremets de 16 cm de diamètre sur une assiette plate de service. Coupez les biscuits à la cuillère à 5 cm de haut et réservez les chutes. Trempez les biscuits des deux côtés dans le sirop et rangez-les debout à l'intérieur du cercle, côté sucré contre le bord.

3 Déposez la moitié de la glace à la vanille en couche régulière dans le cercle. Coupez les chutes de biscuits en deux dans l'épaisseur, trempez-en rapidement la moitié dans le sirop et posez-les sur la glace. Recouvrez de vermicelles en chocolat puis poudrez avec environ 1/2 cuill. à soupe de cacao.

4 Couvrez avec le reste de glace. Terminez par le reste des chutes de biscuits. Mettez la charlotte 1 h minimum au congélateur.

5 Au moment de servir, poudrez la charlotte avec le reste du cacao et retirez le cercle.

Glace aux épices douces

Variantes

- *Remplacez les épices par le zeste râpé d'une orange et aromatisez votre glace au Cointreau.*
- *Utilisez du calvados ou du kirsch à la place du cognac.*

Conseil

- *Accompagnez d'une salade de fruits secs.*

Tour de main

- *Pas de sorbetière ? Versez la préparation dans un moule en aluminium, laissez prendre au congélateur pendant 1 h puis battez à la fourchette et remettez au congélateur.*

Charlotte glacée

Variantes

- *Vous pouvez remplacer les vermicelles par des copeaux de chocolat taillés dans une tablette avec un couteau économe.*
- *Cette charlotte peut être réalisée avec la glace de votre choix, en assortissant le parfum du sirop.*

Index des ingrédients

Les numéros de page en *italique* renvoient aux variantes, aux conseils ou aux astuces.
Les astérisques (*) renvoient aux encadrés en marge, « Tour de main », « Antigaspi » et « Petit plus ».

A

Abricots
Chaud-froid d'abricots au caramel . . . 119
Gratin de reines-claudes . . . *118*
Agneau
Boulettes d'agneau à la grecque . . . 78
Foie de porc aux petits raisins . . . *84*
Navarin à l'aigre-douce . . . 78
Rognons d'agneau poêlés . . . 80
Ail
Escalopes de dinde à l'ail doux . . . 76
Amandes
Gâteau aux amandes . . . 118
Gâteau vapeur au chocolat, coulis d'orange . . . 114
Spaghettis au pistou . . . 44
Truites aux amandes . . . 64
Ananas
Zéphyr du verger . . . *113*
Anchois
Pissaladière . . . 32
Aubergines
Salade d'aubergine grillée . . . 26
Avocats
Guacamole . . . 30
Velouté de courgettes au cerfeuil . . . *20*

B

Basilic
Spaghettis au pistou . . . 44
Betteraves
Crème rubis glacée . . . 34
Biscuits à la cuillère
Charlotte glacée . . . 124
Tarte aux poires au chocolat . . . 114
Blé
Couronne de courgettes . . . 28
Blinis
Compote de pois chiches . . . *34*
Recette des blinis . . . 36
Bœuf
Couscous algérien . . . 74
Moussaka aux courgettes . . . 86
Briks
Aumônières au pélardon . . . 38
Aumônières au poulet . . . 74
Brocolis
Quiche aux légumes . . . 104

C

Calmars
Calmars aux tagliatelles . . . 66
Cannelle
Glace aux épices douces . . . 124
Langues-d'oiseau à la tomate . . . 42
Caramel
Chaud-froid d'abricots au caramel . . . 119
Carottes
Châtaignes aux carottes . . . 98
Couscous algérien . . . 74
Millet jardinière . . . 52
Navarin à l'aigre-douce . . . 78
Pansit . . . 70
Potage au fenouil . . . 20
Purée aux trois légumes . . . 104
Quiche aux légumes . . . 104
Riz aux oignons et aux carottes . . . 46
Salade de légumes rapés . . . 26
Waterzoï de poulet . . . 72
Cassis
Salade fermière . . . *27*
Céleri
Couscous algérien . . . 74
Salade de légumes râpés . . . 26
Céleri-rave
Allumettes de céleri à la tomate . . . 90
Purée aux trois légumes . . . 104
Cerfeuil
Velouté de courgettes au cerfeuil . . . 20
Champignons
Escalopes de dinde à l'ail doux . . . 76*
Riz aux champignons . . . 48
Rognons d'agneau poêlés . . . *80*
Châtaignes
Châtaignes aux carottes . . . 98
Voir aussi Crème de marrons, Marrons
Chèvre (fromage de)
Aumônières au pélardon . . . *38*
Cake au jambonneau . . . 38*
Lasagnes aux épinards et au chèvre . . . 44
Soufflé au fromage de chèvre . . . 36
Chinchards
Chinchards aux oignons . . . 62
Chipolatas
Rognons d'agneau poêlés . . . *80*
Chocolat
Biscuit roulé de grand-maman . . . 116
Charlotte glacée . . . 124
Gâteau vapeur au chocolat, coulis d'orange . . . 114
Tarte aux poires au chocolat . . . 114
Chou blanc
Pansit . . . 70
Chou frisé
Chou nouveau à la crème d'épices . . . *88*
Fondue de chou frisé . . . 90
Jarret de porc grillé . . . 80*
Palette à la choucroute . . . *82*
Chou vert
Chou nouveau à la crème d'épices . . . 88
Potée aux haricots rouges . . . 100
Choucroute
Palette à la choucroute . . . 82
Citron
Biscuit roulé de grand-maman . . . 116
Poulet au citron épicé . . . 70
Citron vert
Guacamole . . . 30
Mousse à l'orange . . . 122
Citrouille
Ratatouille à la citrouille . . . 96
Voir aussi Potiron
Clovisses
Salade de coques aux trois riz . . . *66*
Coco (lait de)
Calmars aux tagliatelles . . . *66*
Courge spaghetti au lait de coco . . . 94
Fondue de poireaux . . . *94*
Lentilles au curry . . . 102
Millet jardinière . . . 52
Concombre
Salade grecque . . . 28
Salade de légumes râpés . . . 26
Tsatsiki . . . 32
Coques
Salade de coques aux trois riz . . . 66
Coquillages
Salade de coques aux trois riz . . . 66
Salade d'automne . . . *48*
Courge
Courge spaghetti au lait de coco . . . 94
Purée aux trois légumes . . . 104
Purée de patidou . . . 96
Courgettes
Courgettes en faux soufflé . . . 88
Couronne de courgettes . . . 28
Couscous algérien . . . 74
Moussaka aux courgettes . . . 86
Paillasson de légumes . . . 102
Petits flans de légumes verts . . . 92
Poulet au citron épicé . . . *70*
Ratatouille à la citrouille . . . 96
Soupe de poivrons glacée . . . 24
Tagliatelles au coulis de courgettes . . . 42
Velouté de courgettes au cerfeuil . . . 20
Couscous
Voir aussi Semoule de couscous
Crème de marrons
Coupes ardéchoises . . . 112
Crème de riz
Soupe de tomates . . . *22*
Crème fleurette
Potage au fenouil . . . 20
Crevettes
Salade d'automne . . . *48*
Curry
Courge spaghetti au lait de coco . . . 94
Lentilles au curry . . . 102

D

Dinde
Aumônières au poulet . . . *74*
Brochettes de dinde en pita . . . 76
Escalopes de dinde à l'ail doux . . . 76

E

Échine
Échine de porc en sanglier . . . 82
Épices
Glace aux épices douces . . . 124
Paella aux légumes . . . 50*
Voir aussi Cannelle, Cumin, Curry, Vanille
Épinards
Harengs grillés aux épinards . . . 56
Lasagnes aux épinards et au chèvre . . . 44

Lieu noir sauce verte . . . 58
Tagliatelles au coulis de courgettes . . . 42*
Timbales de riz panachées . . . 46
Tourte aux épinards . . . 86
Estragon
Terrine de saumon, sauce à l'estragon . . . 34

F

Fenouil
Potage au fenouil . . . 20
Turban de poisson . . . 60*
Feta
Salade grecque . . . 28
Figues
Salade d'automne . . . 48
Foie d'agneau
Foie de porc aux petits raisins . . . *84*
Foie de porc
Foie de porc aux petits raisins . . . 84
Foie de volaille
Pilaf de foies de volaille . . . 68
Salade fermière . . . 27
Fraises
Coupes de fruits au sabayon . . . 110
Coupes pralinées à la rhubarbe . . . *120*
Feuilletés aux kiwis . . . *120*
Framboises
Coupes de fruits au sabayon . . . 110
Coupes pralinées à la rhubarbe . . . 120
Feuilletés aux kiwis . . . *120*
Salade fermière . . . *27*
Pâte de yaourt aux fruits rouges . . . 109
Fromage
Timbales de riz panachées . . . *46*
Voir aussi Chèvre, Feta, Gruyère, Mozzarella, Parmesan, Pélardon, Picodon, Ricotta, Tomme de brebis
Fruits
Coupe de fruits au sabayon . . . 110
Gratin de reines-claudes . . . 118
Voir aussi au nom des fruits
Fruits confits
Riz à l'impératrice . . . 108
Fruits de mer
Voir Clovisses, Coques, Moules, Palourdes, Pétoncles
Fruits rouges
Pâte de yaourt aux fruits rouges . . . 109
Voir aussi Cassis, Fraises, Framboises
Fruits secs
Voir Abricots, Amandes, Noisettes, Noix, Pignons de pin, Raisins secs

G

Gingembre frais
Pansit . . . 70
Glace à la pistache
Coupes pralinées à la rhubarbe . . . *120*
Glace à la vanille
Charlotte glacée . . . 124
Chaud-froid d'abricots au caramel . . . *119*
Glace au nougat
Coupes pralinées à la rhubarbe . . . *120*
Glace aux noix
Chaud-froid d'abricots au caramel . . . *119*
Glace pralinée
Coupes pralinées à la rhubarbe . . . 120
Gruyère
Salade de légumes râpés . . . 26

H

Harengs
Harengs grillés aux épinards . . . 56
Haricots blancs
Palette à la choucroute . . . *82*
Haricots rouges
Potée aux haricots rouges . . . 100
Succotash . . . 54
Haricots verts (mangetout)
Pansit . . . 70
Petits flans de légumes verts . . . 92

J

Jambon de Paris
Timbales de riz panachées . . . *46*
Jambonneau
Cake au jambonneau . . . 38
Jambonneau au madère . . . 84

K

Kiwis
Couronne de pommes aux kiwis . . . 111
Feuilletés aux kiwis . . . 120

L

Lait
Chaud-froid d'abricots au caramel . . . 119
Crème brûlée au pain d'épice . . . 122
Glace aux épices douces . . . 124
Quiche au thon et aux poireaux . . . 54
Riz à l'impératrice . . . 108
Lait concentré non sucré
Coupes ardéchoises . . . 112
Zéphyr du verger . . . 113
Lait de coco
Voir Coco (lait de)
Langues-d'oiseau
Langues-d'oiseau à la tomate . . . 42
Lard fumé et lardons
Châtaignes aux carottes . . . *98*
Foie de porc aux petits raisins . . . *84*
Riz aux champignons . . . *48*
Lasagnes
Lasagnes aux épinards et au chèvre . . . 44
Légumes
Paella aux légumes . . . *50*
Paillasson de légumes . . . 102
Petits flans de légumes verts . . . 92
Purée aux trois légumes . . . 104
Quiche aux légumes . . . 104
Voir aussi au nom des légumes
Lentilles
Lentilles au curry . . . 102
Lieu
Lieu noir sauce verte . . . 58
Timbale de lieu noir . . . 58

M

Macaronis
Pilaf de foies de volaille . . . *68*
Sardines aux macaronis . . . 55
Madère
Aumônières au poulet . . . *74*
Jambonneau au madère . . . 84
Maïs
Potée aux haricots rouges . . . *100*
Millet jardinière . . . *52*
Succotash . . . 54
Maquereaux
Filets de maquereau grillés sur lit de poireaux . . . 62
Marrons
Voir Châtaignes, Crème de marrons
Menthe fraîche
Soupe de petits pois à la menthe . . . 22
Merguez
Brochettes de dinde en pita . . . *76*
Merlu
Turban de poisson . . . 60
Miel
Potiron au miel et aux raisins secs . . . 98
Millet
Millet jardinière . . . 52
Morue salée
Brandade légère . . . 56
Moules
Salade de coques aux trois riz . . . *66*
Mozzarella
Tourte aux épinards . . . 86
Mulet
Mulet en papillote . . . 60

N

Navets ronds
Couscous algérien . . . 74
Nouilles chinoise
Pansit . . . 70

O

Œufs
Crème brûlée au pain d'épice . . . 122
Moussaka aux courgettes . . . 86
Polenta soufflée . . . 52
Quiche au thon et aux poireaux . . . 54
Oignons
Pissaladière . . . 32
Pommes de terre en moussaka . . . 100
Riz aux oignons et aux carottes . . . 46
Salade grecque . . . 28
Oignons confits
Cake au jambonneau . . . 38*
Orange
Gâteau vapeur au chocolat, coulis d'orange . . . 114
Mousse à l'orange . . . 122
Tarte à l'orange . . . 116

P

Pain
Pain grillé . . . *34*
Pain pita . . . *34*
Pain d'épice
Crème brûlée au pain d'épice . . . 122
Palourdes
Salade de coques aux trois riz . . . *66*
Parmesan
Couronne de courgettes . . . 28
Gratin de riz d'Halloween . . . 50
Lasagnes aux épinards et au chèvre . . . *44*
Polenta soufflée . . . 52
Purée de patidou . . . *96*
Spaghettis au pistou . . . 44
Pâte brisée
Fondue de poireaux . . . *94*
Quiche au thon et aux poireaux . . . 54
Quiche aux légumes . . . 104
Tarte à l'orange . . . 116

Index des ingrédients

Tourte aux épinards 86

Pâte feuilletée
Feuilletés aux kiwis 120
Petites tatins aux tomates confites 30
Tarte aux poires au chocolat 114

Pâtes
Voir Langues-d'oiseau, Lasagnes, Macaronis, Nouilles chinoises, Spaghettis, Tagliatelles, Vermicelle

Patidou
Purée de patidou 96

Pélardon
Aumônières au pélardon 38

Petits pois
Millet jardinière 52
Petits flans de légumes verts *92*
Pilaf de foies de volaille 68*
Soupe de petits pois à la menthe 22

Pétoncles
Salade d'automne *48*

Picodon
Aumônières au pélardon *38*

Pignons de pin
Chinchards aux oignons 62*
Sardines aux macaronis *55**
Timbales de riz panachées *46*
Purée de patidou *96**

Pita
Brochettes de dinde en pita 76

Pleurotes
Riz aux champignons *48*

Poireaux
Filets de maquereau sur lit de poireaux 62
Fondue de poireaux 94
Potée aux haricots rouges 100
Millet jardinière 52
Petits flans de légumes verts 92
Poireaux gribiche 29
Quiche au thon et aux poireaux 54
Soupe de tomates 22
Waterzoï de poulet 72

Poires
Coupes ardéchoises 112
Crumble pommes-poires 112
Tarte aux poires au chocolat 114
Zéphyr du verger 113

Pois chiches
Compote de pois chiches 34
Couscous algérien 74

Poisson
Waterzoï de poulet *72*
Voir aussi Chinchards, Harengs, Lieu, Maquereaux, Merlu, Morue salée, Mulet, Rougets grondins, Sardines, Saumon, Thon, Truite

Poivrons
Lentilles au curry 102
Quiche aux légumes *104*
Ratatouille à la citrouille 96
Salade de légumes râpés 26
Soupe de poivrons glacée 24

Polenta
Polenta soufflée 52

Pommes
Couronnes de pommes aux kiwis 111
Crumble pommes-poires 112
Pommes au four à la normande 110
Zéphyr du verger 113

Pommes de terre
Brandade légère 56
Paillasson de légumes 102
Palette à la choucroute 82
Pommes de terre en moussaka 100
Potage au fenouil 20
Timbale de lieu noir 58

Porc
Échine de porc en sanglier 82
Foie de porc aux petits raisins 84
Jambonneau au madère 84
Jarret de porc grillé 80
Palette à la choucroute 82
Soupe de petits pois à la menthe 22

Potiron
Gratin de riz d'Halloween 50
Potiron au miel et aux raisins secs 98
Purée aux trois légumes *104*
Voir aussi Citrouille

Poulet
Aumônières au poulet 74
Blancs de poulet à la crème d'oignons 68
Brochettes de dinde en pita 76
Couscous algérien 74
Hauts de cuisse de poulet à la tomate 72
Paella aux légumes 50*
Pansit 70
Poulet au citron épicé 70
Waterzoï de poulet 72

Pruneaux
Fondue de chou frisé *90*

Prunes
Voir Reines-claudes

R

Raisins secs
Allumettes de céleri à la tomate 90
Chou nouveau à la crème d'épices 88
Foie de porc aux petits raisins 84
Potiron au miel et aux raisins secs 98

Reines-claudes
Gratin de reines-claudes 118

Rhubarbe
Coupes pralinées à la rhubarbe 120

Ricotta
Entremets à la ricotta 108
Lasagnes aux épinards et au chèvre *44*

Riz
Boulettes d'agneau à la grecque 78
Gratin de riz d'Halloween 50
Paella aux légumes 50
Pilaf de foies de volaille 68
Riz à l'impératrice 108
Riz aux champignons 48
Riz aux oignons et aux carottes 46
Salade d'automne 48
Salade de coques aux trois riz 66
Timbale de riz panachée 46
Waterzoï de poulet 72

Rognons
Rognons d'agneau poêlés 80

Rougets grondins
Rougets grondins sauce vierge 64

S

Salade frisée
Salade fermière 27

Salsifis
Salade d'automne 48
Salsifis à la normande 92

Sardines
Sardines aux macaronis 55

Saumon
Terrine de saumon, sauce à l'estragon 34

Semoule de couscous
Couscous algérien 74

Spaghettis
Spaghettis au pistou 44

T

Tagliatelles
Calmars aux tagliatelles 66
Tagliatelles au coulis de courgettes 42

Thon
Quiche au thon et aux poireaux 54

Tomates
Allumettes de céleri à la tomate 90
Couronne de courgettes *28*
Hauts de cuisse de poulet à la tomate 72
Langues-d'oiseau à la tomate 42
Petites tatins aux tomates confites 30
Potage au fenouil 20
Potée aux haricots rouges *100*
Ratatouille à la citrouille 96
Salade grecque 28
Soupe de tomates 22

Tomme de brebis
Courgettes en faux soufflé 88

Tortillas
Guacamole *30*

Truite
Truites aux amandes 64

V, X, Y

Vanille
Glace aux épices douces 124

Veau
Aumônières au poulet *74*

Vermicelle
Soupe de tomates 22

Xérès
Aumonières au poulet *74*

Yaourt
Moussaka aux courgettes 86
Tsatsiki 32
Pâte de yaourt aux fruits rouges 109

Crédits photographiques
Toutes les photos sont de Christian Adam/ Agence Top, stylisme Catherine Nicolas, sauf : couverture : OPTION PHOTO/BARON pages 21b, 23b, 33h, 71b, 75b, 87, 73b, 117h : Christian ADAM, stylisme Dominique GUSTIN

Mangez équilibré
109 recettes pour petits budgets
est publié par Sélection du Reader's Digest.

PREMIÈRE ÉDITION

Premier tirage

Achevé d'imprimer : juin 2010
Dépôt légal en France : août 2010
Dépôt légal en Belgique : D-2010-0621-85

Imprimé en Chine
Printed in China